MANUAL DEL PERFECTO SINVERGÜENZA

COLECCIÓN CUBA Y SUS JUECES

EDICIONES UNIVERSAL, Miami, Florida, 1999

TOM MIX
(José M. Muzaurieta)

MANUAL DEL PERFECTO SINVERGÜENZA

Edición a cargo de
José Antonio Madrigal
y
Carlos Alberto Montaner

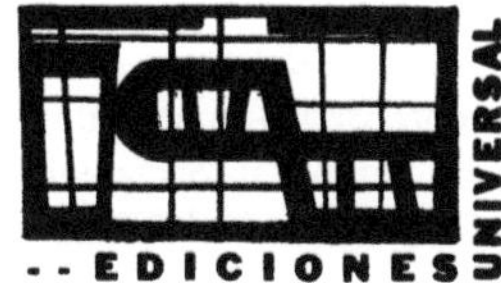

Primera edición: La Habana, Cuba, Imprenta «El Siglo XX», 1922

Segunda edición: Ediciones Universal, 1999

EDICIONES UNIVERSAL
P.O. Box 450353 (Shenandoah Station)
Miami, FL 33245-0353. USA
Tel: (305) 642-3234 Fax: (305) 642-7978
e-mail: ediciones@kampung.net
http://www.ediciones.com

Library of Congress Catalog Card No.: 99-65162
I.S.B.N.: 0-89729-907-8

Composición de textos: Chemical Graphics
Diseño de la cubierta: Luis García Fresquet
En la portada foto del Palacio Presidencial de La Habana
y caricaturas de Roseñada.

Las fotos e ilustraciones que se incorporan a esta edición
no aparecen en la edición original.

A Manuel Salvat,
quien tanto ha hecho por
la cultura cubana en este
largo y doloroso exilio

Nuestro agradecimiento, en la preparación de esta edición, a José Duarte Oropesa, Santiago Rey, Manuel Salvat, José A. Escarpanter, Luis González del Valle, José I. Rivero, Julio Duarte, Lesbia Varona, Elio Nardo, y especialmente a Gustavo Pérez-Firmat, a Horacio Hidalgo Gato y a Andrea Nardo de Muzaurieta.

PROLOGO PARA NO-SINVERGÜENZAS

En los primeros años de la república cubana aparecieron varios *Manuales del perfecto...*. Se considera que el primero fue del dramaturgo y ensayista José Antonio Ramos (1916)[1] y era un ataque a lo que entonces se llamaba el *fulanista*. El mismo año, Rafael Santa Ana[2], en España, publicó el *Manual del perfecto canalla* y el de la *perfecta coqueta* (1918). Por último, el periodista José M. Muzaurieta, que entonces utilizaba el seudónimo de "Tom Mix", dio a la imprenta su *Manual del perfecto sinvergüenza* (1922), interesante libro que con el pasar de los años cayó en el olvido. Siete décadas más tarde, Carlos Alberto Montaner con la complicidad de Plinio Apuleyo Mendoza y de Alvaro Vargas Llosa[3] resucitaron el tema del *perfecto...*, al escribir el polémico y polularísimo *Manual del perfecto idiota latinoamericano* (1996) y, en la selección de este título, naturalmente, no fue ajeno los precedentes mencionados. Dicho libro, en el sentido de ensayo peleón y debelador, salió al campo de batalla con un ademán moralizante y desmitificador semejante al de los libros mencionados, así que por esa razón se insertó en la tradición de los *Manuales del perfecto...* Era una forma de rendir tributo a quienes por mil razones así lo merecían.

José Manuel Muzaurieta, también conocido como "Muza", fue un notable periodista de la época republicana. Nació en Rodas, Santa Clara, en 1891, y murió en La Habana a los 62 años, en 1954, aparentemente como resultado de problemas cardíacos. En vida dirigió *El Imparcial*, y también mantuvo durante muchos años una polémica y muy leída columna en el periódico *El Mundo*, publicada bajo el afortunado y ambiguo nombre de "Tinta Rápida". Quienes lo trataron hablan de un tipo afable, con gran sentido del humor, honrado y, si era necesario, con

con malas pulgas. Tuvo trece duelos, según relata Andrea Nardo, su viuda, en una nota sobre el personaje. También cuenta de él que era un temible y experimentado tirador hasta el punto de haber escrito un libro titulado *Los duelos en Cuba*, hoy también completamente olvidado, sobre el arte de los duelos. Vivió, pues, intensamente, la vida divertida, un tanto bohemia y siempre azarosa del periodismo de la etapa republicana, y le tocó ser testigo de todas las sacudidas que estremecieron la Isla, exceptuada la de la llegada de Castro al poder. Algunas, incluso, las provocó el propio periodista: en 1949, por ejemplo, tal y como relata José Duarte Oropesa, denunció que la leche que se servía en los hospitales de tuberculosos había sido "bautizada" con un 50 por ciento de agua, escándalo que alcanzó muchos decibelios cuando se supo que el presidente de la república, Carlos Prío Socarrás, estaba supuestamente vinculado a la empresa que la suministraba.

Pero vayamos a la obra. Creemos que la cronología es importante para entender el *Manual del perfecto sinvergüenza*. El libro aparece en 1922. Contrastemos la vida de su autor y los acontecimientos del país. Muza era un adolescente cuando el fraude electoral de Estrada Palma, la consiguiente revolución de 1906 y la segunda intervención norteamericana. Era un joven ya muy alerta durante la "Guerrita de los negros", una matanza de cuatro o cinco mil personas durante el gobierno de José Miguel Gómez, aquel campechano y corrupto "Tiburón" que se "bañaba" —robaba—, pero "sapicaba" —repartía. Vivió de cerca, en época de Menocal, las trampas políticas que provocaron la insurrección de 1917, la famosa "Chambelona", y en 1921 contempló cómo llegaba al poder Alfredo Zayas, un político inteligente y matrero que unas veces pactaba con los liberales, otras con los conservadores y siempre estaba dispuesto a cualquier transacción que le diera poder...y dinero. En esas fechas, además, no sólo predominaba en el país una especie de asco generalizado a la podredumbre política, sino algo quizás más grave: la idea de que la Isla estaba condenada al desastre económico. El azúcar, que durante la "Danza de los millones" había llegado a venderse a 25 centavos en el mercado mundial, súbitamente caía a poco más de un centavo y arrastraba en el desplome a bancos, instituciones financieras y al propio Estado cubano, incapaz de recaudar los fondos que necesitaba para el manejo de las instituciones y organismos públicos.

Estamos, pues, ante un libro tremendamente pesimista, y el síntoma más evidente de ese estado de ánimo es el sarcasmo. Muza quiere moralizar las costumbres, pero como cree que el país vive encharcado en el cinismo, no opta por un discurso ético, sino por lo contrario: da las instrucciones para que el lector pueda convertirse en un político corrupto, pero triunfador, en el que no exista el menor vestigio de escrúpulos o principios. En cierta medida, Muzaurieta ha reescrito *El Príncipe*, pero mientras Maquiavelo redactaba su conocido ensayo para instruir a los soberanos en el manejo de los entresijos del poder, enseñándolos a manipular cruelmente a amigos y a adversarios, con el objeto de lograr la estabilidad de sus dominios y el imperio de las reglas —o que poseía una paradójica intención positiva—, Muza pretende enseñar otra cosa: cómo se llega en Cuba a la cúspide y para qué llegan estos ambiciosos cubanos. Es tal su desdén por los políticos que hasta coloca como prólogo a su libro unas lí neas apócrifas atribuidas a un famoso bandido, Ramón Arroyo Suárez, "Arroyito", audaz secuestrador de empresarios —por los que solía exigir altos rescates—, quien por aquella época se había convertido en una especie de ídolo popular, especialmente tras su fuga espectacular de la cárcel mediante un boquete en un muro provocado con un cartucho de dinamita. La ironía era evidente: el más famoso de los bandidos cubanos era una mansa paloma si se le comparaba con los políticos del patio.

Se sabe que el destinatario de *El Príncipe* era el rey español Fernando el Católico. ¿A quién va dirigido el *Manual* de "Muza"? ¿Hay algún "retrato robot" detrás de este arquetipo de la desvergüenza? Tememos que sí. En 1922 es casi imposible no pensar en que el personaje malvado que describe este libro es Alfredo Zayas quien fue un abogado hábil con buena prosa, excelente orador y de una sólida cultura. Fue el cuarto presidente de la república, y tal vez el mejor preparado hasta ese momento, pero la sociedad cubana nunca lo respetó mucho. De Estrada Palma se decía que era acrisoladamente honrado en la administración de la hacienda pública. De José Miguel Gómez, que era querido hasta el delirio por las masas —entonces no se utilizaba la cursilada del "carisma". Y a Menocal, buen ingeniero y hombre enérgico, le atribuían dotes de mando y voluntad de crear obras e infraestructura. Hacía muchas cosas. A Zayas, en cambio, no le regateaban inteligencia, pero sólo para las trampas, los cohechos y las marrullerías políticas.

¿Era justo ese retrato? Probablemente había bastante de verdad. Los escándalos del hijo de Zayas al frente de la lotería y el inexplicable crecimiento de la fortuna personal del Presidente son pruebas más que suficientes para sospechar de su honradez, pero acaso es su sinuosa trayectoria política lo que provocó un mayor rechazo en la sociedad de su tiempo. Zayas avanzó en zig-zag por la política cubana. Primero estuvo muy ligado a Estrada Palma, pues durante la etapa insurreccional, al contrario de su hermano Juan Bruno, que se fuera a la manigua, fue uno de los jefes civiles del Partido Revolucionario Cubano en La Habana, agrupación que D. Tomás dirigió tras la muerte de Martí. Poco después de establecerse la república y recompuesto el PRC dentro del Partido Liberal, creado por José Miguel Gómez, allá fue a dar Zayas, siempre más preocupado por su destino personal que por la defensa de las ideas. Cuando riñó con Gómez, pactó con el conservador Menocal para dividir a los liberales y cerrarle el camino de regreso a Gómez. Así, a base de maniobras y trapisondas, llegó a la casa de gobierno, pero casi como la quintaesencia del "politiquero".

¿Tuvo éxito el libro de Muza? Evidentemente sí, pero las consecuencias no buscadas de ésta y otras denuncias similares, sin proponérselo, tal vez acabaron haciendo más daño que bien a la república. La principal razón por la que en 1925 los cubanos eligen a Machado es, precisamente, para "meter en cintura" al país. Hombre de mano dura, exministro de Gobernación en el gabinete de Gómez, lo eligen para que ponga fin a la corrupción, para que detenga la violencia, acabe con el bandolerismo y liquide la "politiquería". Lo eligen, en suma, para que borre del mapa a los "sinvergüenzas". ¿Final de la historia? Acabó siendo un gobernante que con su prórroga destruyó las instituciones, y con sus desmanes antidemocráticos le abrió paso a la catástrofe revolucionaria de 1933. A pesar de haber sido en su primer período un presidente constructor y honrado, fue más dañino para la joven república que los cuatro que le habían precedido en el cargo.

En todo caso, es una buena idea rescatar este libro del olvido. Los cubanos tenemos que recordar nuestra propia historia para entender el presente. La república, que tuvo grandes aciertos y que, a trancas y barrancas, avanzaba en la buena dirección, también padeció gravísimos defectos. Eso explica, finalmente, gran parte de cuanto hoy sucede. Aunque parezca una afirmación gratuita, aquellos polvos probablemente contribuyeron a traer los lodos que hoy padecemos. Releer a Muza es una buena manera de entender muchas cosas.

NOTAS

1. Ramos, José A. *Manual del perfecto fulanista*. Eds. Alberto Gutiérrez de la Solana y José A. Madrigal. Miami: Editorial Cubana, 1995.
2. Santa Ana, Rafael de. *Manual del perfecto canalla,* Madrid: Biblioteca de educación cívica, 1916.
3. _____. *Manual de la perfecta coqueta*. Madrid: Biblioteca de educación cívica, 1918.
4. Plinio Apuleyo Mendoza, Carlos Alberto Montaner y Alvaro Vargas Llosa. *Manual del perfecto idiota latinoamericano*. Madrid: Plaza y Janes, 1996.

TOM MIX
(JOSE M. MUZAURIETA)
Redactor de "La Noche"

MANUAL DEL PERFECTO SINVERGUENZA

PRONTUARIO DE CONOCIMIENTOS ÚTILES,
PARA LOS QUE ASPIREN A SER «ALGO»
EN LA VIDA PÚBLICA.

CON UN PRÓLOGO DEL BANDOLERO ARROYO Y UN EPÍLOGO
DEL SEÑOR JUAN BAUTISTA LAMARCHE.

La Habana

Imprenta "El Siglo XX"
Teniente Rey 27
1922

TOM MIX

(José M. Muzaurieta)

MANUAL DEL PERFECTO SINVERGÜENZA

Prontuario de conocimientos útiles,
para los que aspiren a ser "algo"
en la vida pública

Con un prólogo del bandolero Arroyo y un epílogo del
Sr. Juan Bautista Lamarche

HABANA

IMPRENTA DEL SIGLO X
TENIENTE REY 27

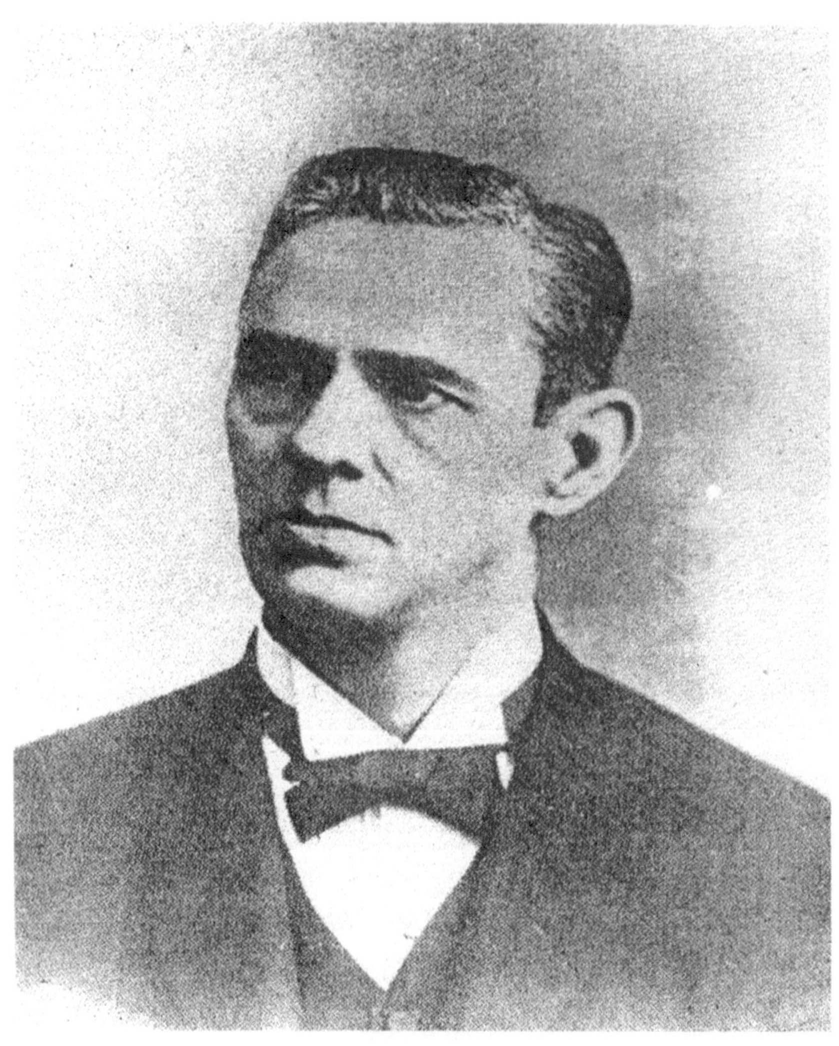

Alfredo Zayas y Alfonso,
cuarto Presidente de la República (1921-1925).

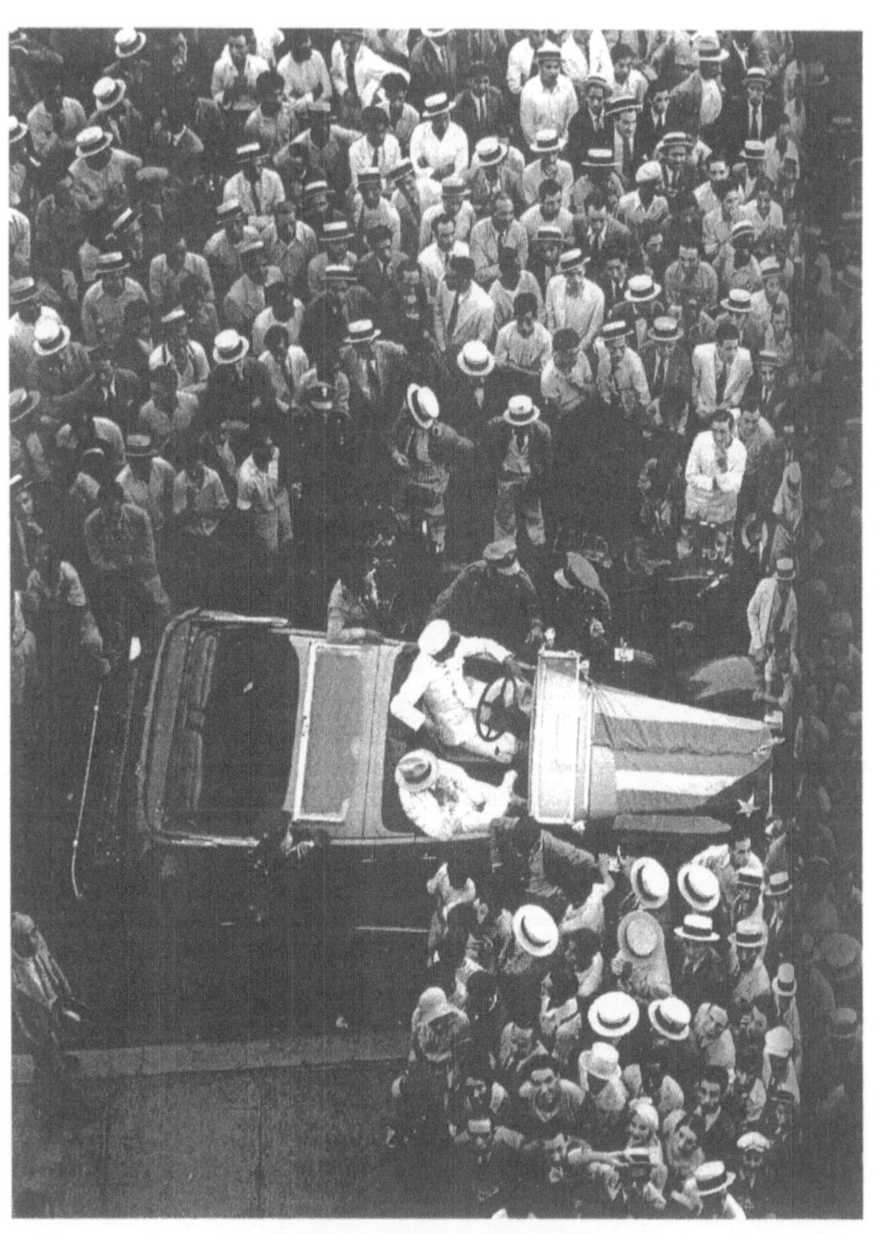

Foto de políticos cubanos (Walker Evans)

PRÓLOGO

Correspondiendo a una amable invitación del autor, voy a preceder su trabajo con unas cuantas líneas, muy mal trazadas por cierto; pero que a mí se me antojan de una brillantez extraordinaria.

Tenía el firme y decidido propósito de que mi nombre no figurase para nada en ninguna manifestación de carácter público. Después de las últimas hazañas cargando inclusive con las que otros han hecho, harto de halagos y reventando de orgullo, quería permanecer oculto y alejado completamente del engorroso y pesado contacto con la opinión. Me siento abrumado. Mi pobre contextura, endeble y hueca, no puede resistir el peso enorme de la Fama. Poderosas razones sabría alegar en abono de mi bien ganado reposo. Entre otras, la de que no me conviene, por ahora, que nadie sepa que existo. La incógnita alrededor de la actuación de un hombre tan laborioso como yo presupone días, y hasta noches, de holgura y de abundancia. Estoy a la expectativa, como dicen a menudo los grandes políticos. Además, ustedes no me comprenderían; ustedes se hallan maleados por el ambiente en que viven y no están capacitados para oír la palabra sana, dulce y convincente de un *bandolero* de mi superior condición.

Les decía yo, que no me agradaba que en las presentes circunstancias la gente se acordara de mí. Pero considero un deber de profesión, al cual no puedo faltar sin que se merme mi prestigio de bandido, romper ésa, mi adorable quietud casi beatífica, en los precisos momentos que va a editarse un libro como el *Manual del perfecto sinvergüenza*, llamado a hacerle cumplida justicia a nuestra sufrida clase y a librarla, con la enseñanza, de los humanos errores que todos los malhechores padecemos.

Yo he tenido el honor y la suprema dicha de leer con interés, sin perder detalles, el *Manual del perfecto sinvergüenza;* y declaro, que con el transcurso del tiempo puede y debe llegar a ser declarado de utilidad pública y de uso obligatorio en las escuelas de Cuba.

A mi juicio, el *Manual del perfecto sinvergüenza* es un *libro bueno* ajustado a los cánones de la moral que nos rige. Es una obra de alta y provechosa filosofía ciudadana, de esencia pura, de espíritu divino, de una instrucción moral y cívica capaz de formar un núcleo social para honra y provecho de la época.

Por el título no se guíen.

Algún epígrafe deben llevar los libros. Y apuesto cualquier cosa a que entre ustedes los hay que tienen fachada de bondadosos y son en realidad unos pillos redomados. En cambio, miles habrá que pareciendo *pícaros* sean en su fondo excelentes prójimos.

Eso le acontece al *Manual del perfecto sinvergüenza* y les ruego que le apliquen el símil en sentido que más le favorezca.

Contiene este tomito maravilloso unas verdades como puños. Y como verdades al fin tristes y amargas, pero que van encaminadas por el sendero florido que conduce al Cielo... Al Cielo nuestro, entiéndase bien.

El *Manual del perfecto sinvergüenza* viene al mundo con una misión plausible: organizar, clasificar, regularizar en una palabra *la vida pública* del hombre para que no subsistan esas equivocaciones convencionales y ruines de la torpe sociedad.

A mí, por ejemplo, todos me suponen un bandido, me persiguen con saña fiera y le darían un premio al que me colara una bala en la cabeza. Cierto que no soy un *santo varón*. Pero esa misma sociedad que me condena, y me llama su enemigo, ¿no admite en su seno y los mima, y los consagra, a señores que carecen de los más rudimentarios principios de moral y que, bien analizados, son unos completos facinerosos? Decidme: ¿qué diferencia existe entre un secuestro y un asalto al Tesoro Público? ¿Acaso el hurto de una res no es pariente cercano del feo negocio del cambio de cheques? ¿Son mejores que yo los que se enriquecen a costa del hambre del pueblo? Y los que hundieron los bancos y dejaron en la miseria a infelices depositantes, cargando con sus ahorros, estafando evidentemente a los que al amparo de las leyes y reglamentos colocaron en sus arcas el producto de sus afanes, ¿qué son, comparados conmigo?

A contener ese prejuicio maldito, a librar de las mallas de la ley a los ignorantes pecadores, como yo, que no saben *nadar y guardar la ropa*, a encumbrar al que pierde el pudor de buen modo, a eso tiende, a eso aspira el *Manual del perfecto sinvergüenza*.

En una palabra: ¿quiere usted campear por sus respetos, vivir y vivir bien, sin caer en las redes del código penal y sin provocar la santa indignación de la sociedad? ¡Pues "empápese" de él!

Por todo lo expuesto, y por otros muchos desahogos que se me quedan en el tintero, no vacilo en recomendarles que pasen su vistilla por este libro. En él hallarán lectura fácil, entretenida, lenguaje cómodo, sin retumbancias de diccionario, llano, sencillo, al alcance del más bruto. Después de todo, en estos casos no hace falta literatura de academia, sino precisión en el concepto, claridad meridiana y contundencia en la palabra.

El *Manual del perfecto sinvergüenza* no ruborizará a nadie en Cuba. Puede ser leído donde quiera y por cualquiera: desde el Primer Magistrado de la nación hasta el último alumno del colegio de Belén...

Ramón Arroyo*

(a) "Arroyito"[1]

Campos de Cuba Libre, en la segunda época del reajuste y a principios de la primavera de 1922.

INTRODUCCIÓN

Tengo el honor de presentarles el *Manual del perfecto sinvergüenza***.

Es un compendio sencillo del sentimiento colectivo, encerrado en esas breves páginas.

Aunque a simple vista lo parezca, no se trata de una obra humorística ganosa de agradar a la generalidad. Nada de eso: es un *libro muy serio* que "instruye deleitando," como el Kindergarten... Pero es importante que ustedes sepan que el *Manual del perfecto sinvergüenza* sólo alcanza a una rama en el orden social: al hombre público, al político más propiamente dicho, enseñándole los primeros pasos de su *carrera* si es que resulta aplicado y se dispone a seguir con amor los consejos y las prácticas que en él encuentre. El *Manual del perfecto sinvergüenza* no menciona para nada la vida privada del individuo y, única y exclusivamente, enumera las ventajas que se obtendrían en la vida pública.

Entre nosotros existen dos morales (¿cosa rara, verdad?): una que aplicamos a la vida pública y otra que nos reservamos para andar por casa. Según la teoría que impera, una persona puede ser en su vida privada un inmoral completo y en la vida pública un completo moralista, un preceptor de moral.

El *Manual del perfecto sinvergüenza* es, pues, para la *vida pública* nada más. Hasta ahí llega y no pasa muy adentro: a flor de piel solamente.

Hay en su texto apreciaciones extrañas e ideas de concupiscencia. No es que llegue a ser un detractor más, ni a echar por el suelo cuanto nos rodea. Viene a presentarles lo malo desde un punto de vista puramente circunstancial, para que ustedes tomen de él lo bueno que encuentren. Para que se sirvan de sus doctrinas, así como el enfermo utiliza la parte de bondad que la ciencia halla en los tóxicos.

La sociedad estúpida en que vivimos admite al pillo y lo endiosa; tolera como buenos y disculpa como humanos todos los excesos. Pero hay que saber hacer las pillerías de modo que la sociedad no las repudie. Todo es cuestión de forma. Y siendo así, el *Manual del perfecto sinvergüenza* viene a decir y a enseñar a usted el medio de llegar a encumbrarse "rápida e indebidamente," el modo de ganarse una posición en condiciones desleales para con sus semejantes, pero sin caer en la vulgaridad de un proceso ni en el desprecio de la sociedad.

Usted ha tenido por cuna una tierra de esclavos, y mora en una nación donde el noventa y cinco por ciento alberga ideas corrompidas. Le es, por tanto, no muy difícil llegar a ser un *perfecto* sinvergüenza. Si quiere conseguirlo y si quiere que, siéndolo, la sociedad lo respete y le adule, lea esta pequeña obra, haga de ella una labor analítica y procure identificarse con sus enseñanzas *salvadoras*.

Con un poco de paciencia, con un esfuerzo tenaz en pro de sus aspiraciones, usted puede llegar al más elevado sitial que la democracia le brinda en una república de parias.

"Arroyito", el distinguido ciudadano en desgracia, el cautivo ilustre, habló por mí en el prólogo y me ahorró la molestia de repetir a ustedes mis intenciones en este caso. Sé que estoy metido en un berengenal formidable y que seré blanco, y hasta negro, de no pocos insultos y de muchísimas censuras equivocadas. Pero no importa. La idea está lanzada y no pienso abrirle los oídos a nadie.

De todos modos, ustedes serán mi juez correccional.

Este libro les pertenece porque es de ustedes y ha sido escrito para ustedes. Si les gusta, me alegro. Y si no, pues me da lo mismo.

Tom Mix[2]

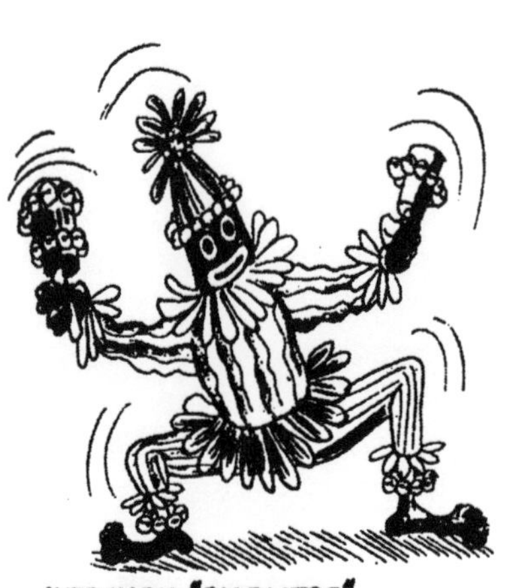

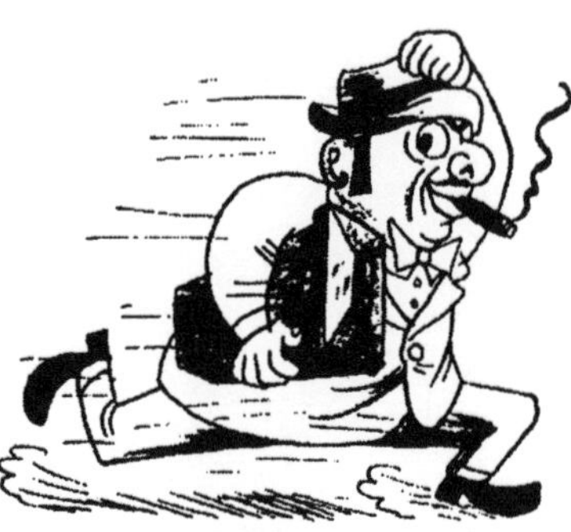

Caricatura de Roseñada

ENTRANDO
EN
MATERIA

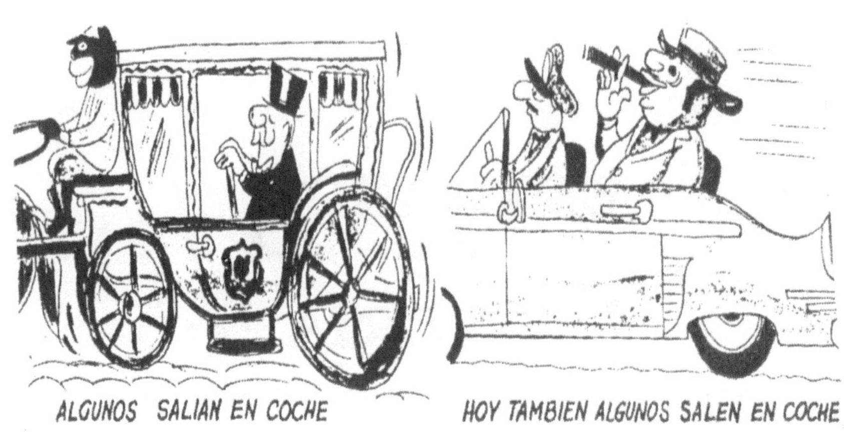

Caricatura de Roseñada

EJERCICIOS ESPIRITUALES

Ámese a sí mismo sobre todas las cosas.

Nunca diga lo que sienta ni sienta lo que diga.

La osadía: ésa debe ser su característica principal.

Ninguna idea es buena si no es suya.

Cualquier procedimiento es bueno para triunfar.

Diga que usted es un hombre honrado y verá que algo se le pega

No combata las llamadas tiranías: póngase al lado de los tiranos y explote a los demás.

Nunca nade contra la corriente.

Viva la vida de 24 en 24 horas y piense que usted tiene que morirse un día de éstos.

Huya de aceptar nada como definitivo. Usted debe ser siempre una esperanza.

Mire por encima del hombro, dése importancia.

Las leyes no se han hecho para que usted las cumpla, sino para que se burle de ellas.

No se acueste sin haber hecho algo en beneficio propio.

La constancia encadena la suerte. Siempre vence el que sabe vivir.

Procure engordar: los gruesos siempre tienen cara de buenas personas.

Vaya a la iglesia y dése golpes de pecho, a usted le conviene aparecer como muy religioso.

Use traje negro, así nadie sabrá que usted lleva siempre el mismo flus.

No crea en lo que digan los periódicos pues ellos dirán lo que usted quiera que digan.

Dése aspecto de seriedad y gaste gafas o espejuelos ahumados.

Dé limosnas pero hágalo en los sitios públicos para que adquiera fama de caritativo.

Coja fiado y no pague. Diga luego que el tendero es un ladrón y todos le creerán.

Vaya a los entierros y dé pésames: esa es una magnifica oportunidad para obtener relaciones.

Cierta oposición a los gobiernos es conveniente. Vale más que le teman a su incertidumbre y no que lo miren como un incondicional.

Cuando haya que defender la patria, diga que usted es socialista y que todos los hombres son sus hermanos.

Piense que el Poder está a la misma distancia de usted que usted de él.

Aspire siempre. Cuando usted menos se lo espera, engrampa.

No se meta en revoluciones, pero súmese a ellas si triunfan.

Siga este proverbio árabe: cuando un perro tenga dinero, dígale: señor perro.

Procure que lo vean con libros en la mano para que se figuren que usted lee mucho.

Mire siempre hacia delante: el pasado no es suyo.

Usted puede conocer prontamente a sus semejantes si los juzga por usted.

Vaya donde encuentre la mayoría.

No tenga amigos y proclame que el robo al Estado, a la Provincia o al Municipio no es robo.

Usted no está obligado a cumplir los pactos y compromisos que no le favorezcan.

La República se fundó para agradar a usted y a los suyos y cada ciudadano vino al mundo para amar y servir a sus deseos.

Legal es todo aquello que le reporte a usted algún beneficio.

Estos ejercicios no excluyen otros que dimanen del natural impudor que le sea a usted característico.

EL ARTE DE HACER POLÍTICA

Después que usted aprenda bien los *Ejercicios espirituales*, cuando ya los haya practicado un poco, lo primero que hará es afiliarse a un partido político grande, acreditado. ¿Comprende? Escoja el que mejor le cuadre. No se detenga a fijarse en nombre ni en programa: todos son iguales y unos y otros no aspiran más que a coger el Poder. Deseche los grupitos y no se enamore de las disidencias, pues éstas sólo le convienen a ciertos hombres descontentos. Usted debe permanecer donde esté el *trozo*. No se separe de él porque es de mal agüero. Piense bien en todas estas recomendaciones y no crea que hallará aquí cuanto le haga falta para llegar. Ponga lo que tenga de su parte. Esto es solamente un simple manual que no puede abarcar todos los detalles y, como obra humana al fin, tiene que ser incompleta y defectuosa. Tampoco hallará elegancia de forma ni encontrará un ropaje literario cubriendo *la mercancía*. No obstante, confíe en las ideas y en los puntos de vista pasando por alto, desde luego, minucias y precisiones que usted localizará muy pronto y que sería imposible enumerarlas en estas páginas.

Antes de hacer política, estúdiese a sí mismo y convénzase de que ya está preparado para *actuar*. Inscríbase en la asamblea de barrio (antes comité de barrio) a que pertenezca y cerciórese del *manejo* interior de ella. Estudie cuidadosamente el nuevo Código Electoral, con especialidad el capítulo III desde el artículo 3 al 4, inclusive. Atráigase en la asamblea de barrio una buena mayoría de gente *suya*. Eso le será fácil si usted es un poco *vivo*. ¿No lo hacen otros? Usted también puede hacerlo. Sea listo e identifíquese pronto con el ambiente de la asamblea. Tenga *cuatro* ojos y salga por donde usted vea salir a los *arrojados*. Si usted se descuida, sale por la chimenea.

No falte a los mítines, reuniones y homenajes. En uno de ellos se puede acordar algo que le perjudique y usted no tiene oportunidad de defenderse. Hable siempre que le sea propicio y destáquese: *suene*.

Repase el capítulo IV del Código Electoral, desde el artículo 9 a los apartados 1, 2, 3, 4, 5, 6, 7 y 8. Cerciórese en el capítulo XV de lo que dispone el artículo 285 con relación a las asambleas de barrio, y los apartados 1, 2, 3 y 4. A usted le conviene saber los preceptos de ley aplicables al organismo donde empieza su *carrera*.

Sin forzar mucho la máquina observe si puede, o no, calzarse la presidencia del comité ejecutivo de la asamblea de barrio y, caso de que esto le sea imposible por ese momento, pesque un puesto en dicho comité ejecutivo. La gran cuestión en política es no permanecer como soldado de fila.

No le hacen falta ciertos y determinados consejos para su comportamiento en la asamblea de barrio. Sea circunstancial y proceda de acuerdo con los *Ejercicios Espirituales*, aparte lo que a usted se le ocurra, que será bueno siempre que tienda a perjudicar a los demás y a beneficiarlo a usted.

Prepare su elección como delegado a la asamblea municipal y una vez conseguida, ¿no la consiguen otros?, procure formar parte del comité ejecutivo que es quien *mangonea* el organismo. Esto requiere su debido tiempo. Usted se equivoca si cree que puede, como vulgarmente se dice, llegar y *besar* el *santo*. Pero hay otros que están años y años afiliados a un partido y jamás son nada. Madure sus planes y ponga en ellos sus cinco sentidos. Si encuentra algún otro *sentido*, póngalo también al servicio de su causa que nunca estaría de más.

Es posible que usted salga derrotado y que en la primera de cambio no logre su elección como delegado a la asamblea municipal. Pero esto no debe desanimarlo ni cortarle la acción. Cuando usted quiera una cosa, en Cuba, limítese simplemente a quererla y a decir y a demostrar que la quiere; verá como al fin la obtiene. Todo es que a usted se le proponga. Y si a usted se le propone ser delegado a la asamblea municipal de un partido, usted lo será. Insista, insista siempre. La constancia es aquí la madrastra del cordero y el propio doctor Zayas no vacila en afirmar que todo lo vence. Sea constante. Muy constante en sus propósitos.

En la asamblea de barrio, en la municipal, y donde quiera que usted se halle, esté en los toques que observe y haga los *Ejercicios Espirituales* sin abandonarlos un solo día.

Popularícese lo más que pueda, haga que su nombre figure en todo, hasta en las esquelas mortuorias. El día de su santo, o de cualesquiera de sus familiares, lleve sueltos a los periódicos y suplique que los inserten. ¿No se los publican a otros? A usted también se los publicarán. Vaya a cuanta reunión lo inviten y no pierda ni una velada fúnebre. Mande cartas a los vendedores y fabricantes de productos farmacéuticos haciendo constar que ha sido curado totalmente en su enfermedad H, o en su padecimiento X, por el jarabe R o la emulsión J. Esos reclamos siempre se publican en los periódicos y almanaques.

Grite de vez en cuando. Use bastón gordo aunque no le cause daño a nadie. Ponga *cara de malo* en ciertas ocasiones y diga que usted lo mismo mata diez que veinte, que le gusta el olor de la sangre y que se desayuna con sesos de tigre y pan con mantequilla. Procure que le vean el cañón del revólver sobresaliéndole por debajo del saco. No está mal que fume tabacos, pero cuídese mucho de pedirle un cigarro a nadie porque los que dan esa clase de *picadas* se desacreditan prontamente. Tampoco pida dinero prestado. Cuando le haga falta, róbelo. Es mejor que lo robe y no que lo pida. Si lo pide, todos se enteran de su bancarrota; y si lo roba, nadie lo sabe; y si lo saben nadie lo cree pues aquí nadie se ocupa de investigar cosas tan pequeñas. Eso sí, fíjese cómo lo roba: hágalo sin caer en el Código Penal. ¿No lo hacen otros así? Hágalo usted. Usted puede hacerlo también.

POLITIQUEO

Al principio, para tomar las pequeñas posiciones políticas, la lucha le será dura, penosa, amarga; no así cuando ya usted haya subido los primeros escalones. Entonces *sube* solo, las propias circunstancias se encargan de empujarlo y se eleva casi como por encanto. Entonces, su punto de mira debe ponerse fijamente en no descender. No olvide que en política los descensos violentos son muy peligrosos, pues el que se cae no vuelve a levantarse y una caída significaría la ruina de su carrera: su completa anulación como hombre público y como *perfecto* sinvergüenza.

Muchas maneras tienen las personas de caer en gracia y hacerse simpáticas y agradables a los demás, hasta el extremo de captarse la confianza y el aprecio de cuanto le rodea. Si usted tiene un poco de talento, nada más, posee un setenta y cinco por ciento de ventaja sobre sus competidores. Pero no le baste eso: usted debe ser antes que nada osado, muy osado, inmensamente osado. Sus golpes han de ser siempre inesperados para no darle lugar a sus contrarios a que se defiendan. Ataque, cuando ataque, por sorpresa. Eso le corta la acción a sus contrincantes. Esto, en la suposición de que usted tenga contrincantes, que usted debe procurar no llegar a tenerlos. ¿Cómo? Muy sencillo, anulándolos. ¿No los anulan otros? ¡Vaya, ande y anúlelos usted! Usted puede hacerlo y Dios no se ofende por eso.

No pretenda boba y estúpidamente querer pasar por encima de los que tienen derechos ya adquiridos. Un poco de diplomacia le hará apaciguar, por entonces, sus apetitos hasta desarrollarlos cuando la ocasión sea propicia. No dé golpes de hierro frío, ni gaste su pólvora en salvas. Esté siempre alerta y aproveche toda oportunidad para sumarse adeptos y arbitrar recursos. Haga *servicios* políticos y gestione encargos de correligionarios y de adversarios no por hacerles un bien, sino para que tengan algo que agradecerle y poder sacárselo cuando llegue el caso en que usted necesite de ellos. Usted debe hacerse una aureola de transigencia, tendiente a ser respetado y amado por *propios* y *extraños* para explotarlos mejor. ¿No lo hacen otros? Hágalo usted. Usted puede hacerlo y usted lo hará.

No cambie de partido, ni mucho menos esté brincando de uno en otro pues, aunque todos son iguales, esta clase de procedimiento desacredita mucho porque a usted le temen y lo complacen mientras sospechen que tiene fuerza en su partido, pero cuando se convenzan que usted no arrastra a nadie entonces pierde todo su empuje, se le descubre el juego y cae irremisiblemente. ¿No le ha ocurrido a otros? Puede ocurrirle a usted también. Chille, amenace, evolucione y meta bulla, pero no se vaya: permanezca fiel a su bandera que eso le conviene.

Donde quiera que se forme una piña grande ahí estará usted; y si sabe conducirse cuerdamente estará en primer lugar. No se crea más pícaro que nadie. Eso puede costarle su *carrera*. Piense que siempre lucha con pillos formidables. Usted no es el único hombre malo que hay en Cuba. Los hay peores que usted y ésos pueden darle en el suelo. No pierda su ecuanimidad por nada ni por nadie. Aliméntese bien y procure que nada, salvo contadas y raras excepciones, le pueda quitar el sueño. Si usted se desvela es hombre al agua: caso perdido. Acepte cada vez que le conviden a una fiesta donde repartan algo que comer. Eso es de buen tono. Un desaire no se le hace a nadie y tenga como lema: coger hasta cajas de muerto, si es que alguien se las regala.

Sea atento con sus presuntas víctimas y demuéstreles una amistad y un cariño extraordinarios. Nunca les arrugue el ceño por molesto que se halle y tenga una sonrisa para aquél a quien va a matar.

No ande peludo: eso es de muy mal género y desacredita a los políticos. Dése prestigio y diga que usted tiene botellas y sinecuras del gobierno. Si alguien, maliciosamente, cree desmeritarlo imputándole la tenencia de una o más colecturías, aunque sea mentira, no desmienta la especie. A usted le conviene aparecer como que posee colecturías: eso da nombre, eso implica ya un cierto aire de superioridad social...

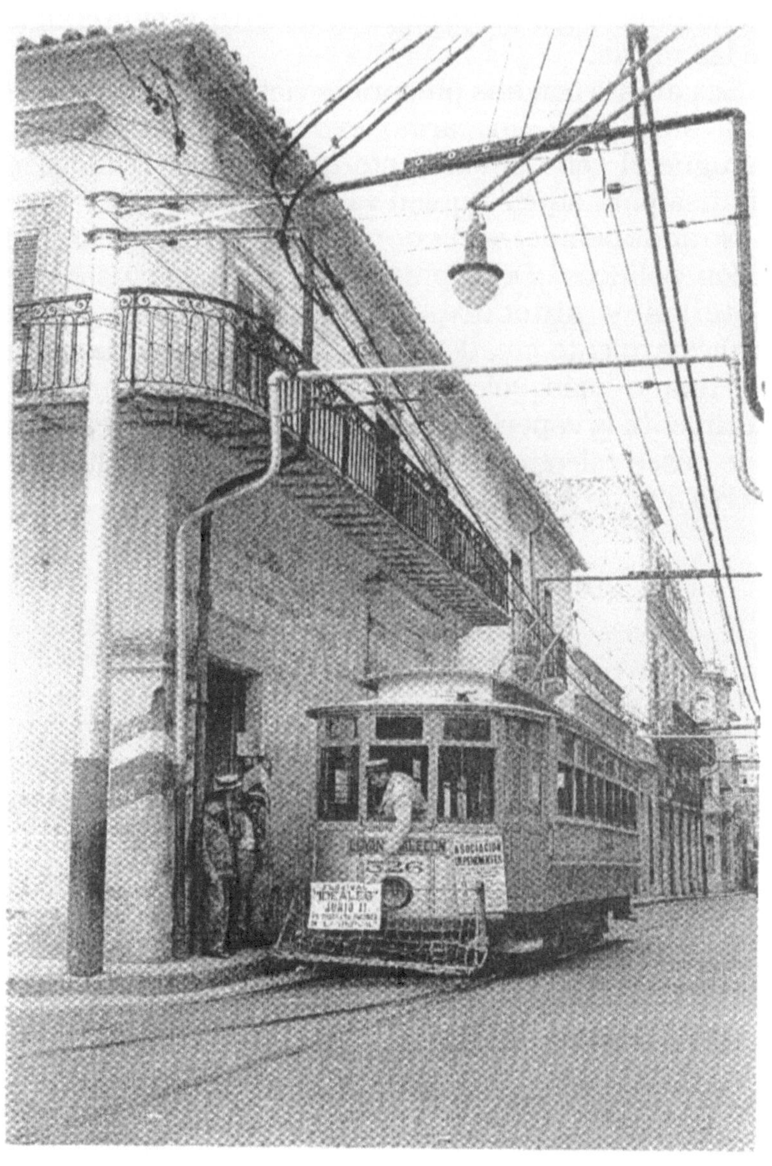

Tranvía en La Habana (Fotografía de Walker Evans)

SECRETOS DE ASAMBLEA

Ya lo tenemos a usted como delegado a la asamblea municipal y con un poco de esfuerzo ha logrado también formar parte del comité ejecutivo.

Llegó el momento de que usted repase cuidadosamente el capítulo XVII del Código Electoral, *empapándose* de los apartados 1, 2, 3, 4, 5 y 6 del artículo 285 que trata de las asambleas municipales de los partidos y de sus deberes primordiales.

Usted está ahora en buenas condiciones y debe saber aprovecharlas. ¿Querrá usted que lo postulen para concejal, no es cierto? ¿No postulan a otros? ¡Por qué no han de postularlo a usted! Caso de que no *le cuaje,* haga porque entonces sea postulado para miembro de la Junta de Educación. Pero eso no es lo que usted busca. Ahí el *margen* es pequeño: es sólo para un caso desesperado y para no perder posiciones. Usted lo que anhela es llegar al consistorio. Usted lo que desea es un acta. Un acta de concejal. Usted lo que quiere es que le den la oportunidad de sacrificarse por su pueblo y honrar a su partido en el ayuntamiento, llevando al seno de esa respetable institución proyectos beneficiosos para el vecindario y haciendo por la ciudad cuanto humanamente le sea posible. Usted desdeña las habladurías de solar y usted quiere de todos modos llegar al Municipio para bien de la comarca, aunque le salga un imbécil como Saladrigas[3] y lo procese so pretexto de que usted es un infidente a los mandatos de sus convecinos y un malhechor de los que entran pocos en arroba. ¡Oh, las injusticias de la Justicia!

Contra ellas debe usted prepararse y soportarlas pacientemente, siempre y cuando sea por el pueblo y para el pueblo.

Quedamos en que usted quiere que lo postulen para concejal. Mejor dicho: usted no, el pueblo es quien lo pide, lo exige. Y usted arrostra los *sacrificios* que esto trae consigo: su tranquilidad, su hogar, su paz... etc., etc. Bien, eso se consigue buscando el apoyo verdadero de la mayoría del ejecutivo. Y si usted está dentro de él, ¿cómo no va a lograr que lo *encasillen*? Bríndele adhesión al que tenga probabilidades de ser postulado para alcalde. Dígale que usted será suyo incondicional y que votará por quien él quiera para la presidencia del ayuntamiento, y demás cargos en la mesa, a cambio de que él lo ayude. El aceptará. ¿Otros no aceptan?

Cuantas precauciones tome para que no le *birlen* su aspiración serán pocas, pues hay muchos que piensan y proceden como usted y probablemente harán igual.

Muévase mucho, madrugue. Todo esto sin aspavientos. A usted no le conviene que aparezca como candidato fuerte. De esa manera la lucha en contra suya sería más intensa y más peligrosa.

Una vez logrado que la asamblea lo postule para concejal, trabaje su candidatura con sentido común y no haga tonterías. El pueblo nunca ha elegido a nadie aquí. Por tanto, usted mismo es quien va a *elegirse* y sola y exclusivamente de usted depende su *triunfo*. Piense bien todo esto y arregle todo de manera que si le falla un plan le quede otro.

En las candidaturas se llevan a muchos de *paloma*, para hacer el número o para complacer determinados intereses. Esas palomas nunca serán electas aunque ellas, las infelices, crean lo contrario. Esas palomas son las que no salen aunque se vuelvan locos y aunque cuenten con una mayoría aparente de electores. Por ejemplo: un partido lleva en su candidatura municipal 14 nominados para concejales. Si tiene mayoría, le tocará sacar 9 de los 14; los cinco restantes, los que no salen, son *palomas*. Eso ocurre en todas las elecciones y el *sistema* se aplica en la confección de todas las candidaturas. Hay otros, en cambio, que obtendrán el acta porque forman parte del núcleo especial. Porque van en el llamado *trozo*. Vaya usted en ese *trozo*.

No gaste su dinero en balde. Gástelo, pero no lo bote a la calle. Asegúrese de que a las mesas electorales van algunos de los *suyos*. Sea buen amigo del miembro político en la Junta Municipal Electoral y procure que los representantes de su partido en las mesas sean gentes de *su confianza*.

No falte a ningún mitin y dirija su autorizada palabra a las masas. Apréndase cuatro o seis frases que nadie entienda. Haga citas históricas. Busque en el diccionario palabras raras y *empújeselas* a la concurrencia: en seguida lo consagran como orador. Pida un vaso de agua, pásese el pañuelo por la frente, hable con calma como si pensara mucho lo que dice. Sea oportuno. Dígale al pueblo que estamos muy mal, que se está muriendo pacientemente de hambre mientras los ricos se divierten y viven; aconseje que se vote la candidatura de su partido y proclame que hace falta dictar medidas que favorezcan al obrero, a la mujer y al niño. Ese es un disco muy hermoso y, aunque gastado, siempre surte buen efecto.

No ponga pasquines con su retrato ni se dé bombos. Espere a que los demás sean quienes se lo den. Eso es lo *chic*. Usted aparecerá como un verdadero padre del pueblo. Usted meterá su hocico allí donde ocurra una desgracia cualquiera y cuidará de que lo tengan como bondadoso, amable, servicial, etcétera. Proclame su democracia y sustente la opinión de que todos somos iguales. En los mítines, no se le pase este detalle: procure abrazar y hasta besar al negro más prieto que encuentre entre la concurrencia. Eso da excelente resultado, pues halaga a la *sufrida raza* y le proporciona el momento para explotarla fácilmente.

Manténgase en contacto con el *trozo*, con los que van a salir, y vigile estrechamente sus más mínimos movimientos, espiándolos a donde quiera que vayan. Esté al tanto de lo que fragüen, conozca sus planes. No les pierda ni pie ni pisada. Y a la dulce hora de recoger para trabajar las elecciones, en los momentos de andar con la harina para gastos electorales, esté presente, procure que lo vean.

ELECCIONES

El día de las elecciones será su gran día. Pero supongo que usted no será tan necio que de antemano no haya preparado ya su elección. Otros lo hacen. Usted puede hacerlo. Hágalo.

No olvide que en esa ocasión se pondrá a prueba su capacidad y sus condiciones especiales para afrontar las *empresas* políticas.

Proceda con tiento. Levántese temprano y *cope* las mesas. Cerciórese de que a ellas ha ido gente *suya.* Mire cómo funcionan y vea quién o quiénes andan por la Junta Municipal Electoral. Averigüe los colegios donde no se vayan a celebrar elecciones, porque no se constituyan a tiempo o por cualesquiera otra causa de las que establezca el Código Electoral. No suelte ese día, de sus manos, el Código Electoral y consúltelo en casos de duda. Esté siempre dentro de la ley, aunque se burle de ella. ¿Otros no lo hacen? Usted puede hacerlo. Todo es que el relajo sea con orden...

Instrúyase de cuantas clases de trampas y diabluras puedan hacerse en pro de sus deseos. No caiga en la vulgaridad de falsificar certificados ni en la sandez de buscar cédulas no correctas. Eso puede salirle caro y es peligroso. Sobre todo: habiendo otra clase de procedimientos que le dan mejor resultado y se evita una exposición resbaladiza. No busque pendencia con nadie ese día, ni discuta ni pierda el tiempo en exhibirse en automóvil. Usted saldrá sin grandes esfuerzos. Usted va en *el trozo* y ésa es su mejor *garantía.*

Usted sabe ya, y si no lo sabe apréndalo, lo que debe hacer, poco más o menos, el día de las elecciones. Su interés principal, mejor dicho, su interés único es que triunfe su candidatura. Usted debe salir por encima de los demás. Aleccione bien su gente. Ponga las piezas en cada lugar que haga falta y muévalas luego en las direcciones que estime conveniente. Negocie votos, aún en contra de sus compañeros de nominación. ¿No lo hacen otros? Dele, si puede, en el suelo al candidato a la alcaldía de su partido, y a la madre de los tomates. Si usted observa que el candidato contrario tiene probabilidades de ganar, si está fuerte, entre en arreglos con él y dígale que lo apoye, que usted le será fiel en el ayuntamiento y que votará de acuerdo con él para la formación de la mesa. Ofrezca, ofrezca siempre: eso no preña. Haga pactos hasta con el demonio. Todos caen en la tentación y usted puede, con habilidad, atraerse a los adversarios. No exagere. Sea astuto y aproveche en cada caso las oportunidades.

No olvide que la suerte sólo pasa por su lado una vez. Y crea ciegamente que esa vez es el día de las elecciones.

Fíjese en lo que hace. Estas recomendaciones varían y tienen distinta aplicación según y dónde sea el lugar en que se celebren las elecciones. Eso, el saber distinguir, queda de su parte exclusivamente. No le pida el voto a nadie, pues algunos le dirán que se lo dieron siendo mentira, y ése será un motivo de obligación por su parte. Además, es ridículo y anticuado. En el siglo XX no se usa eso de pedirle su voto a nadie: ahora se toma, y listo.

Si usted quiere, si lo estima conveniente, compre votos pues aunque el artículo 311 del capítulo XVIII del Código Electoral lo prohibe terminantemente, y lo castiga con penas que parecen muy severas, usted puede hacerlo, ¿no lo hacen otros?, amparados en el artículo 164 del capítulo X del propio código.

Para comprar votos se usan algunas combinaciones especiales. Escoja la que mejor le parezca; pero si quiere, establezca entre los suyos una señal como ésta: el *comprado*, el que va a votar por usted debido al dinero, llega al colegio y el agente que lo trae se lo presenta al miembro político *suyo*. Previo los requisitos del caso, se le entrega la boleta; entonces el *comprado* finge que no sabe leer, que no ve bien, o que se halla impedido físicamente por la descomposición del brazo, etc., (artículo 164 del capítulo X). Entonces lo acompañan a la taquilla dos miembros políticos de la mesa, entre ellos uno del partido de usted: el suyo. El *comprado*, en uso de su perfecto derecho, alega que desea votar por usted y manda que se pongan las cruces de ritual en donde esté su nombre y el de los demás candidatos que entren en la combinación. Su agente hace las cruces y vota la candidatura convenida. Luego, cuando el *comprado* se retira, cuando el que lo trajo se lo lleva, el miembro político se toca la oreja derecha de modo que lo vea el agente de fuera y esa señal, u otra, quiere decir que el *comprado* votó bien y que ya puede pagarle. Entonces, comprobado que votó por quien usted quería, le da el dinero; mientras tanto, no.

Si usted compra votos en esa forma, y puede comprar muchos, ¿quién sería capaz de probarle legalmente que usted infringe la ley? Con ese *sistema* no corre usted el riesgo que corren otros, de que le cojan el dinero y luego no voten por usted haciendo, desde luego, el doloroso papel de *bobo*. El *sistema* no falla y puede ser puesto en práctica sin grandes esfuerzos. Una combinación general, en el *trozo*, de esta forma trae cientos de miles de votos; y los votos ahora son votos porque los escrutinios hay que hacerlos con mucha pulcritud, obligadamente y a la vista del público, donde por los muchos intereses que se relacionan no se puede, aunque se quiera, hacer trampas.

Las trampas hay que confeccionarlas en las elecciones,

hasta las tres de la tarde. Después, al celebrar el escrutinio, son peligrosas. Sin embargo, alguien afirma que también pueden hacerse. Esto es posible si se tiene en cuenta que nosotros somos capaces de hacer trampa con el propio Decálogo[3] en las manos.

Una vez que se terminen las elecciones y comiencen los escrutinios en la Junta municipal correspondiente, usted no debe separarse de allí. Anote en una libreta cuidadosamente los votos que haya obtenido en cada colegio y cerciórese de que los cantan en la junta. Calcule prontamente, y eso le será fácil, con vista de los certificados de los escrutinios primarios, si usted sale o no electo. Con el total de votos emitidos, siempre en hipótesis, puede también calcular poco más o menos cuál será el factor.

Si usted sale, al pelo. Y si no, usted hará cuanto le sea posible por salir, aún después de celebradas las elecciones. Haga obstrucción de los escrutinios. Proteste en alta voz y diga que ésos no han sido comicios, sino una farsa indecente; proclame que se han conculcado los derechos del pueblo; mencione el sufragio universal, las democracias, el sagrado ejercicio del voto y sostenga que la fuerza pública ha hecho coacción en favor de determinados candidatos. El quejarse a Mr. Crowder[4] lo dejará usted para lo último, para cuando ya no tenga otro recurso. ¿Qué es antipatriótico? ¡Eso usted lo sabe! Pero no le importe que se lo digan. Si el que se lo echa en cara no hubiera ganado, también se quejaría al extranjero. Todos explotan en provecho propio ese *coco* y se sirven de él cuando les conviene. Lo malo es que en definitiva puede ser Mr. Crowder quien nos explote a nosotros. Y entonces...no le importe tampoco: entonces ya usted se hallará bien asegurado. Y el que venga atrás que arree.

Observe lo que en relación con el escrutinio municipal dispone el capítulo XII del Código Electoral, en sus artículos 195, 196, 197, 198 y 199. En ellos hallará usted todos los detalles necesarios para interponer recursos y sabrá de los colegios anulados y dónde se harán nuevas elecciones. Mire y estudie si usted tiene ahí un *chance* para salir. Súmese a los que protesten por iguales motivos que usted pero a la hora de trabajar para conseguir sus propósitos déjelos solos.

Establezca cuantos recursos pueda y llévelos hasta donde se lo permitan las disposiciones vigentes. Amenace con echar abajo colegios enteros y simule ponerle sitio a los candidatos fuertes para *birlarle* su elección. Exija en pago de que no lo hará, que lo ayuden, que lo apoyen para triunfar en las elecciones parciales a efectuar en los colegios anulados, o donde no se hubieren celebrado conjuntamente el día primero de noviembre.

Hay legiones de afiliados y candidatos que no se han enterado de muchas cosas y que viven confiados en el Partido y en la honorabilidad de los funcionarios encargados de aplicar las leyes que rigen la materia. Por supuesto que usted no será de ésos. Usted me hará caso y pondrá gran interés en aprender a darle en el suelo a los demás. Como estamos tratando ahora de la cuestión municipal, y de su posible derrota, es bueno que usted repase lo que dispone el Código Electoral en su capítulo XIII, en relación con los recursos y las apelaciones de que usted puede y debe valerse: de lo contencioso *electoral*.

No le he presentado su elección fácil para que no se *engríe*, para que se ilustre mejor y adquiera una mayor experiencia. Usted debe pensar en las derrotas aún yendo en el *trozo*, lo cual es difícil pero no imposible.

Usted se ha valido de sus medios, usted ha luchado bravamente y consiguió anular al compañero de candidatura que le estorbaba. Usted ha salido concejal. ¿Y qué? ¿No han salido otros con menos méritos que usted?

Ahora, después que ya tiene en el bolsillo su certificado de elección, manifieste que es cuando se ha hecho justicia: dele jabón al ejército, a los tribunales de justicia y diga que es lo único bueno que queda en Cuba. Y finalmente asegure, donde quiera que vaya, que las elecciones han sido legales y honradas y que usted ha salido cuando la voluntad del pueblo ha podido manifestarse libremente.

Ya usted es concejal. Ya usted es *algo*. Ya tiene patente de persona conspicua y todos comenzarán a necesitar de usted.

Dese importancia. No se prodigue demasiado, pero cuide de dar motivos para que digan que ya usted no es un demócrata y que rehuye el trato con el pueblo.

EN EL AYUNTAMIENTO

Tomó usted posesión de su cargo. Es natural que esté contento pero no lo aparente. Finja que el cargo lo abruma y que sólo por servir al vecindario lo ha aceptado. Usted lo toma para que la cosa pública no caiga en manos pecadoras, para evitar que se roben los menudos del pueblo. Usted va a realizar labor digna, honrada, enaltecedora.

Antes de tomar posesión de su destino, ya usted se habrá dado cuenta exacta de cual va a ser su situación dentro de la Cámara Municipal. ¿Quién resultó electo alcalde? ¿El candidato de su partido o el contrario? Para usted, eso no tiene mayor importancia. Con cualquiera hará *negocio*. Usted ya estaba secretamente *arreglado* con los dos. El de su partido querrá para usted la presidencia del ayuntamiento. Y el contrario le dará cuando menos, la secretaría. Si usted es vivo, es posible que sea el candidato de los dos para la presidencia. ¿Otros no lo han sido? Usted puede serlo.

El día señalado por el Código Electoral, se constituye la mesa. Ya usted sabe a qué atenerse. Ya usted tiene resueltos todos los pormenores del caso y se calza la presidencia del ayuntamiento.

Usted *avanza*. Es imprescindible que empiecen a murmurar de su actuación. Usted antes era un *mataperros* y, de la noche a la mañana, se ha convertido en presidente del ayuntamiento.

Pero no haga caso: en política y en amor todo es válido. Muchos habrá, en cambio, que hablen bien de usted y que digan: es un genio, un político muy hábil, un hombre inteligentísimo, una persona que promete. Y la mayoría se agrupará entonces a su alrededor.

Ser concejal es muy fácil. Pero usted debe poner un tacto especial, por lo mismo que ahí no termina su *carrera* y desea continuar subiendo. Hable en casi o en todas las sesiones. Apréndase discursos efectistas y aparezca siempre como defensor de los intereses del pueblo. Cuando haya madurado algún *chivirico*, cuando quiera pasar algún *negocio*, atáquelo, fustíguelo y mande a otro compañero por bajo cuerda que lo defienda. Haga bien el *paripé*. Después, sométalo a votación y vote en su favor. Si tiene la seguridad de aprobarlo, vote en contra y se mantendrá en más bonita situación. Explique su voto y diga que vota en contra de tan monstruoso proyecto por estimarlo lesivo al municipio y porque es un escándalo que usted no puede tolerar.

Dentro del ayuntamiento existen otras muchas cosas que usted aprenderá a medida que transcurran los días. Pronto usted será *perito* en la materia. Posea un buen olfato y batee siempre que se la pasen por la goma...

Cuando el negocio sea pequeño, cuando no valga la pena el esfuerzo a realizar, indígnese; mande a prender al que se lo proponga y proclame que usted no es hombre de eso, que usted no entra en *chivos*.

No gestione el establecimiento de juegos prohibidos, pues sin eso usted puede ganar mucho y no se desacredita. Los jugadores y las hetairas tienen costumbres pesadísimas y mañas perjudiciales. En cuanto usted les hace un favor se entera todo el mundo, lo ponen en ridículo, lo desprestigian y, a la postre, no consigue nada porque esa gente no quiere a nadie ni es amiga de nadie. Ellos están momentáneamente con quien les tolere sus vicios. Mañana se le viran a usted y lo *salan* si no les consigue que puedan continuar el *vivío*. Excuso decirle que trabajarían para su contrario, si éste logra con un poco de influencias que les permitan el juego y los excesos que de él se derivan. Además, los tahures son pocos y malos.

Haga alardes de perseguir, o de hacer que se persigan, a las empresas más poderosas de su localidad: eso causa buen efecto en el pueblo, aunque usted no logre hacerles mella. Después de todo, eso a usted no le interesa, pues lo que busca con ello es la exhibición. La compañía del alumbrado le concederá luz y gas de balde. El comercio le hará *regalitos*; y las empresas de ferrocarriles, tranvías y guaguas, si las hubieren, le darán un libre tránsito para que viaje de botella. ¿No se los dan a otros?

Usted gastará automóvil, no espere a que se lo recomiende nadie: eso se cae de su peso. ¿No lo usan otros? Vaya en auto a todas partes. Las averías, las gomas, el aceite y la gasolina no corren por su cuenta: es Liborio[5] quien paga. Y no es escrupuloso. El automóvil lo empleará hasta en los asuntos privados y especialmente en los paseos de carnaval.

Busque la manera de pagar su servidumbre con cargo al municipio. Gestione y consiga botellas a sus criados. ¿Otros no lo hacen? Hágalo usted. No le dé pena. Sáquele, en fin, al puesto, cuantas ventajas materiales le sea posible. Explótelo en beneficio propio y de los suyos.

Procure portarse bien con los que lo ayudaron. No por un deber de gratitud, sino porque usted los seguirá utilizando y le conviene mantener cordiales relaciones con ellos.

No se *achante* ahí, siga moviéndose. Después le queda lugar de sobra para descansar.

Estudie la ley orgánica de los municipios. Aprenda lo que disponga con relación al gobierno interior del ayuntamiento y vea la manera de sacarle partido a las trampitas que pueda hacerle y a las burlas que entre col y col le sea dable introducirle.

Sea complaciente y dadivoso con sus compañeros de consistorio, pero cuídese de que nunca conozcan a fondo su verdadera manera de pensar. Gáneselos, sugestiónelos. Mas, no se franquee con nadie. No juzgue a simple vista lo que ocurra a su alrededor y tampoco dé opiniones sobre la vida y milagros de nadie. Usted debe meditar primero si le conviene o no, hacer juicios favorables o en contra de determinadas personas.

Aparezca que nada le preocupa y no le dé importancia a nada. Si puede, échese el mundo a la espalda. No deje que le echen las cartas ni crea en supercherías de brujas. No sea superticioso. Nadie en el mundo posee poderes especiales y sólo usted es el llamado a hacer un milagro: convertirse de un buche en un *personaje*. Esto, exclusivamente, se lo deberá a la política y a usted mismo.

PAN Y CIRCO

Pepe Antonio Ramos[6] dice: *Ni Pan ni Circo.* Usted debe decir, con los romanos: *Pan y Circo.*

Eso es positivo: dele al pueblo, o procure que le den, fiestas, dinero, comida y diversiones. Verá que siempre está contento. Observe qué bien va la cosa. Y usted será un ídolo. ¿No lo han sido otros, merced a este maravilloso procedimiento?

Si tiene facilidades seguras, hágase *incondicional* del alcalde. Sírvalo cada vez que pueda y bríndele amistad sincera para que crea que su adhesión es franca. Aparezca como que él lo maneja a usted, pero procure que en el fondo usted sea quien lo maneje y lo explote a él. Esto puede hacerse fácilmene con un poquito de talento, habilidad y astucia. ¿No lo hacen otros?

Todos tenemos enemigos: siempre existe quien le quiere hacer daño a uno. El alcalde tendrá quien lo quiera mal, y usted debe ir pensando en anularlo para quedarse en su lugar. Con arreglo a la ley, es usted su sustituto legal. Echelo a pelear con sus enemigos. Métale *chisme* y enrede cuanto pueda la pita. Si le entran a tiros un día de ésos, o si él, exasperado, comete una barbaridad parecida, alégrese. Su táctica comienza a darle el resultado apetecido: va usted anulándolo.

Arrástrelo al precipicio, empújelo y vírelo con las autoridades superiores, pero antes cuídese usted de estar bien con ellas para resguardarse, para que *lo garanticen* en sus movimientos. ¿No lo hacen otros? Usted puede hacerlo. Usted debe hacerlo sin perder tiempo. Y si no va a hacerlo, déjele el puesto a otro. Renuncie, no sea como el famoso perro del hortelano, que ni comía ni dejaba comer. Quizás venga detrás de usted uno que no tenga sus ridículos y aparatosos *escrúpulos*.

Procure que el alcalde *meta la pata*. Póngalo en frente del pueblo. Contribuya a que haga alguna *barrabasada* y, cuando le conste, busque que le giren una visita y le encuentren la falta. Gestione que lo suspendan; esto, sin perjuicio de hacerle ver que usted siente mucho lo que le ocurre y que hará cuanto pueda para favorecerlo.

Si nada de eso le da resultados favorables, lo cual es dudoso, porque no hay zorro por escamado que sea que no caiga en la trampa si está bien preparada, entonces mándelo a matar. ¿No lo han hecho otros?

En mayor escala, esto mismo, o algo parecido, usted podría hacer con el gobernador si en vez de presidente del ayuntamiento fuese presidente del Consejo Provincial. Pero llamaría más la atención, sería más escandaloso. Y de un pobre alcalde nadie piensa nada malo, nadie se fija en eso.

Bueno, anulado el alcalde, usted tomará su cargo, ¿quién le *tose* ahora, quién se lo quita?

Donde quiera que usted se pare, o se siente, diga que su predecesor fue un hombre honrado y que lo que lamenta es haberse visto en la imperiosa necesidad de sustituirlo por virtud de un precepto terminante de la ley. Haga elogios de él, si vive; y si ha muerto, ensálcelo más todavía. Proclame que lo que se cometió con él fue un completo asesinato y que algún día usted vengará su memoria. En tal caso, haga que el ayuntamiento celebre una velada fúnebre en honor del desaparecido. Procure que le sea puesto su nombre a una de las calles del pueblo y recolecte dinero para erigirle un monumento en el cementerio local.

No faltará quien califique eso de *política villareña*. Pero no lo crea usted, en todas partes cuecen habas y estas cosas se hacen desde San Antonio a Maisí. Lo que sucede es que en ciertos lugares se arma más ruido de la cuenta.

A propósito, en relación con un pleito por la alcaldía de cierto *paraje* que yo conozco, se cuenta una anécdota muy simpática y muy provechosa: dícese que en H, pintoresco y tranquilo pueblecito de nuestra amada patria, era alcalde municipal el señor L, del Partido Conservador; y presidente del ayuntamiento el señor R, del Partido Liberal. Las relaciones entre ambos organismos políticos no eran muy cordiales que digamos. Los liberales querían a todo trance apoderarse de la alcaldía y todos sus afanes se enderezaban a *tumbar* al alcalde conservador. Lo velaron, le prepararon un lazo y el hombre cayó en él. Firmó, de buena fe, una cosa sin gran importancia pero que se hallaba fuera de la ley. Estaba cogido. Una comisión de liberales lo fue a visitar y después de exponerle la falta cometida solicitaron de él que presentara su renuncia dentro de un plazo de veinticuatro horas, so pena de denunciarlo y *meterlo* en la cárcel. La escena ocurrió de modo tan rápido, y fue todo tan improvisado, que los liberales no le dijeron nada al presidente del ayuntamiento, que era del partido de ellos y al cual le correspondía la alcaldía por sustitución reglamentaria. El señor R, tampoco se hallaba a la sazón en el pueblo: había ido a ciertas y determinadas diligencias a un lugar inmediato.

Comenzaron a transcurrir las horas y a impacientarse el alcalde. ¿Qué hacer?, pensaba, pero no había forma de que coordinara una idea que lograra sacarlo del atolladero. No podía salir del apuro, no tenía más remedio que renunciar y esa posición, la alcaldía, pasaría irremisiblemente a manos de sus adversarios los liberales, pues la cogería el presidente del ayuntamiento. Urdió muchos planes, inventó combinaciones, pensó darle candela a la casa consistorial, secuestrar a media humanidad y asesinar a la otra media. Pero una vez que analizaba, todo esto le parecía infame, sucio e indigno de él que no era un hombre a la moderna, sino que descendía de los viejos moldes... De pronto, tuvo una idea feliz: se enteró de que el señor R venía camino del pueblo, a caballo y, antes que llegara, lo mandó a buscar urgentemente a su despacho. Ya en él, le dijo: —Amigo R, tengo absoluta necesidad de abandonar la alcaldía, puede que usted no la coja porque sus correligionarios los liberales le están preparando una mala *jugada*. Si usted me hace ahora una carta afiliándose al Partido Conservador y renunciando al Partido Liberal, le entrego la alcaldía *ahora mismo*: dando y dando.

¿Qué habría hecho usted? Lo que hizo el señor R, aceptar. Firmó la carta, renunció al Partido Liberal y se afilió desde aquel momento al Partido Conservador.

Una vez hecho esto, el que fue alcalde, el señor L, mandó llamar a los comisionados del Partido Liberal y les habló de esta manera, muy secamente: —Señores, ustedes me han ganado, ¿cómo?, no importa, lo esencial es que ustedes me han vencido; ya renuncié a la alcaldía, ahora el señor R es el alcalde.

Inmediatamente se organizó una manifestación, se tiraron cohetes, voladores, bombas y hasta se quemaron luces de bengala: aquello parecía un 15 de agosto en Guanabacoa. Los manifestantes, dando gritos desaforados, recorrieron las calles y así llegaron hasta frente al domicilio del señor R, antiguo y consecuente liberal y ahora alcalde. Iban a saludarlo y a felicitarlo por su exaltación a la poltrona municipal; y a felicitarse porque ya tenían un alcalde liberal. Pero con sorpresa de todos, el señor R se asomó al balcón y dijo en tono grave: ustedes se equivocan, yo soy conservador.

Como ese caso pudieran contarse miles. La traición es algo corriente entre los políticos y no se conoce precisamente con ese nombre tan feo: se le llama astucia, inteligencia, habilidad y otra porción de cosas.

Pero el cuento pasó y habíamos quedado en que usted era alcalde. Sus procedimientos varían, desde luego, de acuerdo con el pueblo donde usted ejerza sus funciones. No es lo mismo ser alcalde de La Habana que serlo de Jatibonico o de Madruga. En cada caso se procede de distinta manera, aunque igual en el fondo. Estudie bien la idiosincracia de su pueblo y no olvide de hacer un gobierno a la altura del ambiente, por aquello de que cada pueblo tiene el gobierno que se merece...

Organice el robo en sus dependencias. En un ayuntamiento hay muchos lugares por donde entrarle a la *sanacaúria*, como dice el sabio Picazo.[7] Sáquele partido a todo, explótelo todo y no pierda nada de vista. Desconfíe hasta de usted mismo. Procure leer cuanto firme y entérese bien de lo que hagan, pues alguien habrá que desee hacerle a usted lo mismo que usted le hizo al otro. El que a hierro mata, no debe morir a sombrerazos. Téngalo presente. No deje que le cojan el dedo con la puerta. Tome sus medidas en cada circunstancia y manténgase en buenas relaciones con los poderes superiores. Observe las máximas que encuentre en los *Ejercicios espirituales* y proceda en consecuencia.

Usted no ha *llegado* todavía. A usted le faltó algo de camino: quizás el cantío de un gallo o el salto de un grillo. No crea que va a estacionarse en la alcaldía. Ese es un puesto secundario. Usted aspira a más. Usted ha demostrado que posee *condiciones* para seguir *subiendo*.

Haga lo que mejor le convenga a sus intereses. Viva como mejor le plazca y no le importe realizar los actos y las acciones más execrables. Eso sí tenga cuidado de no caer en las redes de la ley. Nadie se ocupará en la tarea de hurgar en su vida privada, y nadie tampoco se atrevería a hacerlo: eso es sagrado en este país. Usted puede ser todo lo inmoral que quiera, que la opinión le respetará siempre su vida privada. ¿Que los funcionarios no deben tener vida privada y que sus actos públicos deben ser tan morales como sus actos privados? ¡Eso se lo sabe usted de memoria! Pero no le quite el sueño. Ya le digo: aquí la vida privada es el dulce regazo donde los *perfectos* sinvergüenzas esconden todas sus máculas y sus miserias todas.

Sea previsor y nunca mira de frente: pueden hacerle mal de ojos. Dé fiestas en su término y conmemore las fechas de la patria. Procure que las peleas de gallos no se celebren los domingos y días festivos: ese viso de legalidad le quita su principal atractivo. Antes, las lidias de gallos constituían nuestro *sport* favorito porque estaban prohibidas. Ahora, que se permiten, cuesta trabajo que los jugadores vayan a las peleas. Por eso hay que dar las funciones ocultas para que tengan éxito.

Organice veladas, no le faltarán *Carbonelles*[8] que lo ayuden. Prepare conferencias, actos cívicos y diríjale la palabra al pueblo. Eso gusta: eso es de buen tono y le conviene a usted.

La policía debe ser su arma favorita. Cuídela como cosa propia, páguele puntualmente, procure que esté contenta, pero disciplinada. Escoja para jefe a un *incondicional* que sea un imbécil y que le obedezca ciegamente. Si pone de jefe a un hombre listo, éste le puede resultar un peligroso rival y darle *bravas*.

No se olvide que usted puede ser un bribón y, no obstante, hacer una administración que le sea útil, hasta cierto punto, al pueblo. No abandone los principales servicios, pues el error de muchos consiste en creerse que para *coger* tienen que dejarlo todo al garete. Por eso nadie los puede ver y sólo tienen una oportunidad para hacerse de cuatro pesos. Usted *coja*, pero haga *algo* por el lugar y costará más trabajo que se lo echen en cara.

Un secretario de Obras Públicas hubo que, en ocho malditos años, no hizo nada más que coger, coger sin saciarse nunca, abandonando estúpidamente las obras más esenciales. Ese secretario no realizó absolutamente nada en beneficio del pueblo. Fue una rémora. A ese secretario todo el mundo lo odia, lo desprecia. Ese secretario fue demasiado insolente, demasiado rapaz, que pudo cogerse más de lo que tiene y hacer que su país le agradeciera alguna obra.

Sin embargo, ese secretario, fuera de su cargo, logró *engrampar* de nuevo. Ahora es legislador y tiene un parque con su nombre, hay que llamarle honorable y le han levantado una o dos estatuas. La patria lo ha consagrado como a uno de sus mejores hijos...

Por supuesto que ése no es un caso exclusivo, ni constituye su actuación una originalidad: aquí la pillería tiene carta de naturaleza. Es un ejemplo palpable, un hecho cognoscible, un magnífico estímulo para los granujas.

Aprenda en él. Acuérdese de él y téngalo presente. Mírese en ese espejo. Vístase con ese ropaje y viva en la seguridad de que no le pesará

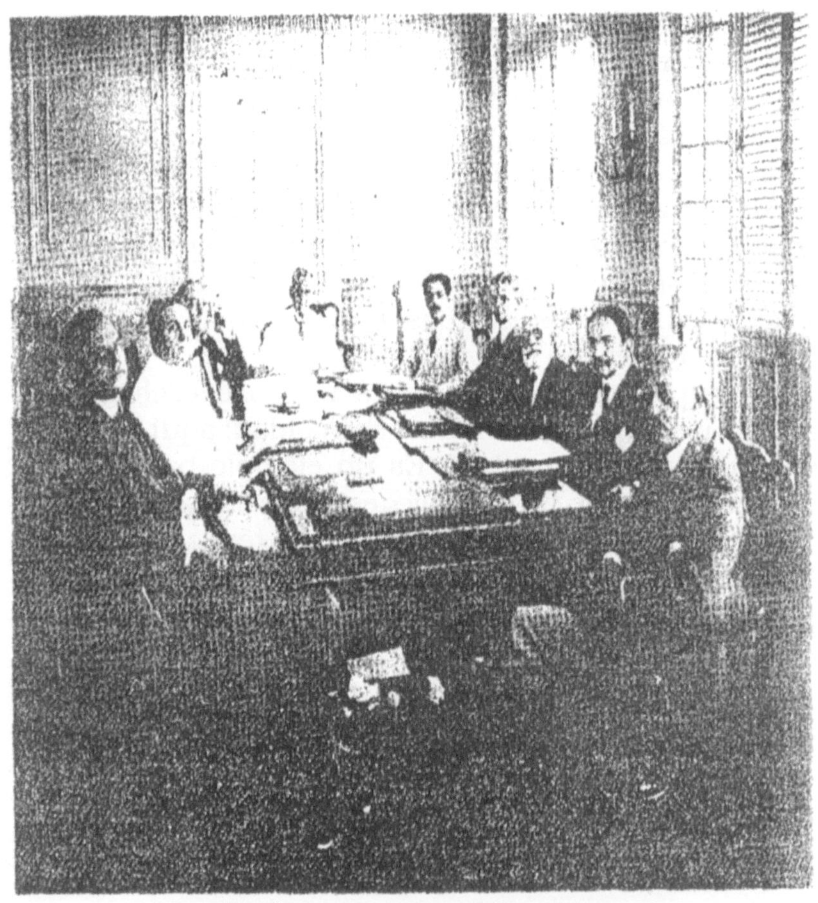

EL GABINETE DEL DOCTOR ZAYAS. El Presidente Zayas aparece en la foto rodeado de su Gabinete, integrado, entre otros, por Martínez Lufriú, Regüeiferos, Freyre, Montoro, Cortina, Guiteras, Collantes y Pancho Zayas.

HACIA LA CUMBRE

Usted es el dueño absoluto de la Asamblea Municipal de su partido. Usted la *mangonea* a su gusto y en ella sólo se hace su voluntad. Y su voluntad quiere decir lo que a usted le conviene.

Le es muy fácil a usted *copar* la asamblea: *sembrarla* de gente *suya*. Usted tiene la sartén por el mango, posee la llave de la caja de los truenos y conoce ya los puntos a tocar para meterse en el bolsillo a ese organismo. Si usted es alcalde, y con todos los resortes que el cargo pone en sus manos, no puede dominar completamente la Asamblea Municipal de su partido, no siga haciendo política porque demuestra que es un cretino. Pero yo tengo confianza en usted, yo sé que la asamblea es *suya*.

Ahora usted mismo designará los delegados a la Asamblea Provincial y los miembros del comité ejecutivo. Repase el Código Electoral, especialmente el capítulo XVII y el artículo 285, desde el apartado I, que trata de las asambleas municipales, hasta el 6 inclusive. Fíjese a quién nombra de miembro político en la Junta Municipal Electoral. Vea que sea de su absoluta *confianza* y haga que le ande derecho. Observe que usted puede nombrar también a los que irán a las mesas en las elecciones, que usted hará las postulaciones para concejales, miembros de la Junta de Educación y que también usted será el que diga a quién se va a postular para alcalde. ¿Qué le parece? Tiene usted controlado todo su término. ¿Que alguien le *falla* un poco? Usted puede enderezarlo. Para eso tiene ahí a la policía y a los agentes de apremio: ellos son muy efectivos en ciertos y determinados casos. Además, usted conoce otros medios para hacer entrar en razón a cualquiera por rebelde que sea.

Cuide, eso sí, de no fomentar disidencias: eso de que por un garbanzo no se deja de hacer una olla, es mentira. El error de muchos consiste en no saber transigir en ciertos casos. Transija usted. No deje que se le vayan correligionarios para el partido contrario. Saque siempre esta cuenta: un voto que se le va y engrosa la fila que tiene en frente, le representa dos votos. Ejemplo:

Un voto menos de usted	1
Un voto más para el contrario	1
Total	2

Eso es, como pudiéramos decir, matemático. A usted le parecerá que un voto no tiene mayor importancia. Cierto que un voto, aisladamente, no viene a ser nada. Pero hay veces que decide una elección. Además, si a usted se le van 40 de su partido, e ingresan en las filas del adversario, son 40 menos que usted tiene. Y en cambio, son 40 más con que cuentan sus enemigos. Fíjese, es la misma operación:

Cuarenta votos menos de usted	40
Cuarenta votos más para el contrario	40
Total	80

¿Nos entendemos? Siendo así, continuemos con lo que íbamos. Si le conviene, se postula para alcalde y se reelije. Pero, primero, diga que usted no aspira. De ese modo sabe usted quién o quiénes quieren el puesto y los apetitos que cada uno se gaste. Usted no desea la reelección: el cargo es muy espinoso y sólo, oígalo bien, sólo por el pueblo usted se sacrifica de nuevo y acepta... Y usted sale. ¡No faltaba más que no fuera a salir!

No piense que la Asamblea Municipal, como usted la tiene organizada, no es un organismo democrático, ni tiene ahí el pueblo su genuina representación. Tampoco se detenga a meditar sobre si una asamblea en esa forma puede llamarse partido político o no. Todas las asambleas de todos los partidos de Cuba funcionan de igual manera. En ninguna manda el pueblo: ni el pueblo liberal ni el pueblo conservador. ¿Por qué la de usted ha de ser una excepción?

Sigue aspirando usted: usted vuelve por su alcaldía caso de que no le *cuaje* su noble aspiración a una simple acta de representante. Usted quiere ser representante. ¿No lo son otros? Usted puede conseguirlo. Usted tiene en el seno de la Asamblea Provincial unos delegados suyos. Usted puede conseguir otros y fabricar allí una mayoría a su favor. Esto, aparte de que ya usted habría entrado en ciertas relaciones con la Asamblea Provincial y se mantendría allí en perfecta armonía con el *trozo* que la gobierna. Para usted, que es *vivo*, eso no le es difícil. Al contrario. Y si su municipio es grande y saben que usted allí es el cacique, el que controla los votos, entonces *ya está el café*. Apenas ni tiene que moverse: le ponen el acta en las manos, le cae mansita.

Esto quiere decir que usted es postulado y que no lo llevan como *paloma*, ni para contentar a la *gente del campo*. ¡Guay del que suponga tal cosa! Usted va ahora también en el *trozo*, porque su elección se halla garantizada por la mayoría de votos que usted tiene en su término municipal. Su deudo le dará el triunfo si usted lo maneja bien. Y en este caso, como en todos, entre en arreglos amigables con los adversarios y pídales su apoyo a cambio del que usted le puede ofrecer para quien ellos deseen. Eso es corriente, y nadie osa mirarlo mal. Usted hace y deshace las combinaciones de ley. Usted pacta el cambio de votos en la forma que más rabia le dé. Como lo estime mejor. Póngase de acuerdo con los demás candidatos y en su pueblo lleve en el *trozo* a los que estén en el secreto, para que ellos lo lleven a usted en su *trozo* en el lugar respectivo donde vivan como usted y donde como usted *mangoneen*.

En esas condiciones, ser representante es algo muy delicioso para usted: se lo ponen en la boca. No obstante, cuide su municipio y fíjese en cómo queda constituido.

Su combinación debe ser extensa, debe alcanzar mucho. Estírela hasta donde pueda.

EL DEMONIO LEGISLADOR

Ya usted ha sido electo representante, mejor dicho, ya usted se ha elegido representante. No abandone, por eso, sus intereses en el término *suyo* para que cuente siempre con fuerzas propias para seguir *operando.* Usted debe proteger con su dirección, orientándolos, a los que allí quedan. Usted los va a necesitar muy pronto. Todavía no acabó su tarea.

Siendo representante, tiene usted la alternativa: ya no debe esconderse para hacer las cosas, ni trabajar en la sombra como hacía en *su* municipio. Ahora puede matar en plena calle, donde quiera y como quiera, a cualquier hora del día o de la noche. Nadie, al fin y a la postre, le *hará nada. Usted es inmune,* pero cuide de convertir su inmunidad en *impunidad.* ¿Otros no lo han hecho? Hágalo usted. Usted puede hacerlo también. Y usted lo hará.

Ser representante es ser a la vez muchas o muy buenas cosas. Todo el mundo civilizado le coge miedo: el pueblo lo mira como amo siendo en realidad su mandatorio, su criado, para que lo sirva. La generalidad pronuncia su nombre con respeto. Las mujeres lo asedian, como caídas del cielo. Puede tener dos o más máquinas y disfrutar de jugosas sinecuras y prebendas. Ser representante es, en fin, ser cualquier cosa, menos legislador.

Usted tiene un nuevo filón que explotar. Explota al municipio *suyo* y al cargo que ocupa. Colecturías, botellas,[9] favores, grandes negocios, vida regalada, nombre, prestigio... y algo que se estima mucho: el respeto y la consideración de todos.

¿Que su elección es espuria, que usted no representa a su pueblo, que su postulación nació de una asamblea amañada? ¿Y qué? Usted es el primero que reconoce eso, pero usted no es tan necio que va a arreglar el país. Esa es, desde los tiempos de Don José Antonio Frías,[10] la manera de celebrar elecciones en Cuba. Y si ellas son una burla al sufragio, no es la culpa de usted: usted es un instrumento del medio, usted hace lo que ve. La culpa es del pueblo que no acude a su sitio. La culpa, la gran culpa, es del pueblo que no ha tenido el valor de ahorcar a media docena de bribones... Muchos habrá que le digan eso y quizás lo vea usted repetido en las columnas de algunos periódicos. Mas, no haga caso: ésos son los chillidos de los que no han salido. Ellos habrían hecho lo mismo, o peor que usted, para pescar el acta.

A usted lo que le interesa es seguir triunfando. Comienza usted a pedir la palabra en la Cámara y a procurar no ser un escaño vacío. Marche de acuerdo con su comité parlamentario, que es quien va a dirigirlo, pero esté al tanto no sea que le den en el suelo con los *negocios*. Hágase de amigos políticos. Busque relaciones especiales. Presente proyectos de leyes que parezcan favorecer al pueblo, pero introduzca en ellas tal cantidad de artículos y fórmulas que las hagan imposibles de aprobar. Arme ruido, mucho ruido. Haga declaraciones en los periódicos y diga siempre que debemos tener a la patria por encima de nuestros intereses. Dé la nota sensacional. Coseche aplausos: son fáciles de conseguir. El pueblo se los confiere a cualquiera.

Sus discursos han de ser oportunos y efectivos para su término, carreteras, acueductos, alcantarillado, pavimentación, etc., etc. Si algunas de ellas las puede sacar adelante, mejor; y si no, pues haga manifiestos a su pueblo explicándole que usted ha querido servirlo, ayudarlo, engrandecerlo, pero que se ha visto en la imposibilidad material de ver cristalizados sus proyectos porque la

Cámara no lo acompaña, porque no hay dinero, porque hace falta para otras atenciones o por lo que a usted se le antoje. Su pueblo le dará la razón a usted y allí le llamarán bien pronto el *paladín* de su prosperidad. Todo es sabérselo ganar. Y ya usted ha aprendido a hacerlo. Ya usted conoce el arte de atraerlo al terreno que usted desee. Es usted *un héroe*. Va siendo usted un *perfecto sinvergüenza*.

Si procediendo de esta manera, da usted un viajecito por *su* término, es el delirio: por lo menos hay un banquete en puerta y cuatro o seis homenajes más.

¡Usted legislador, usted confeccionando leyes y representando la voluntad popular! ¿Y qué? ¿No lo son otros en igualdad de condiciones?

Siempre es un consuelo, y hasta una disculpa, tener la seguridad de que hay otros que son más malvados que uno. Esa convicción descarga la conciencia, tonifica el espíritu.

Esté al tanto de las leyes que se promulguen y coleccione la *Gaceta Oficial*. Muchas cosas interesantes, en ocasiones, se encuentran en la *Gaceta*. Revísela, léala a menudo.

Procure darle un vistazo a la ley del Poder Ejecutivo y a la del Poder Legislativo: compare las atribuciones de uno y de otro para que siempre conozca los derechos que le asisten. No se ocupe de los deberes: eso debe ser secundario para usted. Enarbole sus derechos, hable en nombre de ellos, ampárese de ellos; pero esquive sus deberes. Sería del género tonto que usted pretendiese gastar algunos minutos cumpliendo con las que deben ser sus obligaciones.

En la Cámara, siga su pauta de siempre: no olvide los *Ejercicios Espirituales* y manténgase en estrecha concordancia con ellos. Donde quiera que usted vaya procure que lo atiendan y lo complazcan inmediatamente. Si no, grite, proteste y diga que un legislador está en Cuba por encima de todas las cosas. A usted y a sus compañeros hay que pagarles sus sueldos primero que a nadie: a *toca teja.* Usted tiene infinidad de gastos lícitos a que hacerles frente: cobre puntualmente sus miles de pesos. No le importe que los infelices empleados que trabajan, y que perciben un mísero sueldo de cuarenta y sesenta pesos, no obtengan el pago de sus haberes. Los veteranos, las viudas pensionistas, los huérfanos de los asilos, ésos deben convertirse en camaleones para que vivan del aire. Y las desgraciadas criaturitas de la Casa de Beneficencia, hermanadas con los enfermos de los hospitales, tampoco deben merecer la atención de usted. No le importe que su pueblo se muera de hambre, mientras usted y los suyos ríen y gozan. Los demás no deben tener el feo vicio de comer todos los días. Usted cobre, cobre lo que pueda, mucho, en gran escala, que estando bien usted lo está el resto de la república.

¿Que usted no le tiene amor a sus conciudadanos y que no se conmueve, ni se identifica, con sus desgracias? ¿Por qué ha de hacerlo? ¿Acaso usted ha sido del seno de ese pueblo? ¿Acaso ha sido él quien lo eligió para que usted se halle obligado a sentir con él?

Hay algo que recibe el dulce nombre de política: usted se metió en ella y con *buena pata* ha logrado abrirse paso. Usted es representante. ¿Qué obligación tiene de sacrificarse por el prójimo?

Si su destino llevase aparejado ese repugnante corolario de preocupaciones, ¿quién diablos quisiera ser representante? ¡Oh, nada de esclavizarse por el pueblo; nada de quebraderos de cabeza! Usted no ha ido a la Cámara a pasar malos ratos ni a ingerir pastillas de aspirinas; usted no tiene su ánimo propicio para enfrascarse en problemas que afecten a la nación. Sea destinista: proclame que la Divina Providencia lo tiene todo regulado y que si sobreviene un mal, un bien vendrá. Sostenga que las cosas se arreglan solas, sin la humana intervención, y crea que la solución de todos nuestros asuntos vendrá como por generación espontánea.

Cuídese de los suplentes: el cargo de representante es muy codiciado y el demonio son las cosas.

Procure formar parte de todas las comisiones y esté donde se huela que haya *reparto.*

Defienda el llamado sistema parlamentario y sostenga que los secretarios de despacho deben ser responsables ante el Congreso. No para ejercer una saludable acción fiscalizadora, sino para hacer ir allí a los secretarios, interpelarlos sobre el desgobierno y la cogioca de sus departamentos respectivos y cobrarles el barato.

Siga, en una palabra, los ejemplos que ha visto hasta ahora. Usted me entiende. Sobre todo, yo, por desgracia para Cuba, nunca he tenido el gusto de ser representante. Me es, pues, casi imposible aconsejarlo propiamente. Ya usted sabe más que yo. Una vez que llegue a la Cámara, y la conozca por dentro, aprenderá mejor que nadie lo que debe hacer para seguir por el sendero de la victoria, para llegar al fin que se propone, para ser un real y positivo valor político de su país.

CAMINO DE LA META

Transcurre el tiempo. Pasan los meses y vuelan los días. El sol de su dicha se mantiene sin eclipses: radiante, esplendoroso, abrasador.

Está usted en la plenitud de su vida. Sólo cuenta treinta y seis años de edad; tiene un porvenir por delante y otro por detrás. Su carrera es, hasta el presente, brillantísima. Debe usted hallarse satisfecho. Pero no estará del todo complacido. Es lógico. Usted ha visto lo fácil que ha *subido* y quiere seguir ascendiendo. Sus triunfos le dan valor para aspirar a empresas mayores. Usted no ha *terminado* en la Cámara. Usted quiere algo más. Usted pide un acta de senador, con la misma ingenuidad que los niños piden Castoria de Fletcher.[11] Usted desea escalar una tribuna en la Cámara máxima. ¿No la poseen otros? Usted puede obtenerla. Y usted la obtendrá

Para eso cuenta usted con una mayoría en la Asamblea Provincial que es la que, con arreglo a lo que dispone el apartado 3 del artículo 285 del capítulo XVII del Código Electoral, hará las postulaciones. Usted no ha sido *bobo* y ha sabido aprovecharse de las circunstancias de que su cargo de representante lo rodea para evolucionar más radicalmente en la política. Y sin grandes esfuerzos ha logrado que lo pongan en la candidatura.

Ya está usted postulado. Usted sabe que ahora la elección se hará por compromisarios. Hay que trabajar la candidatura completa. Hay que ganar la provincia. Eso usted lo habrá calculado ya de antemano. Y si ha visto que es absolutamente imposible ganar la provincia, entonces no aspire a senador. Tenga un poco de paciencia y vaya a la reelección: *sacrifíquese* cuatro años más. ¿Otros no lo hacen? ¿Qué tiempo lleva Pardo Suárez[12] en la Cámara? ¿Desde cuándo es representante?

Pero usted ha mirado claro y, en menos de lo que se enriquece un ingeniero jefe de la ciudad, ha sido electo senador. ¡Qué honra para la familia! ¡Qué gloria!

Ya usted es padre del pueblo.

A propósito, ¿ha notado esta bendita coincidencia de que en todos los casos se diga: padre del pueblo? Que es concejal: ¡padre del pueblo! Que es consejero: ¡padre del pueblo! Y finalmente, si llega a senador, le aplican también el motecito: padre del pueblo. Tal parece que aquí el pueblo lo único que no tiene es madre. Por ello debe concedérsele el voto a la mujer: igualarlas al hombre en todos sus derechos. A ver si entonces podemos decirle a una concejal: madre del pueblo. ¡Desengáñense, señores, aquí lo que hace falta es que el pueblo tenga madre también! Padres son los que sobran...

Ahora su cargo tiene apariencias especiales. Debe usted aparecer como un verdadero hombre serio aunque en el fondo siga operando como todo un señor representante.

No me canso de admirarlo. ¡Usted senador! ¡Usted en la alta Cámara! ¿Y qué? ¿No lo son otros? ¿Qué de particular tiene que en igualdad de condiciones lo sea usted?

En el Senado, su labor es idéntica a la de la Cámara. Unicamente que debe velar por el *prestigio* del Cuerpo y ser un poco más comedido, un poco más hipócrita, se entiende.

Enfunde su revólver: no está bien que un senador meta tiros ni forme escándalos. Pase de largo ante todo, mire por encima de los espejuelos, use guantes para que no le transmitan ninguna enfermedad mala por las manos y no se detenga ante nada: usted es un senador. Y ha sido dichoso porque le ha tocado un período largo: de 8 años. ¿Qué será todo ese tiempo para usted? Sólo Dios lo sabe.

¿Le es posible calzarse la presidencia? Entonces tómela. ¿No la han cogido otros? Usted puede cojerla. ¡Cójala! Lo de menos es que usted no esté preparado para el cargo. No piense en eso. A usted no debe preocuparle semejante fruslería. Usted es presidente del Senado y no hay más que hablar: bocabajo todo el mundo. La práctica, la competencia, eso viene después. Ocurre como en los matrimonios que se hacen por conveniencia: el amor viene después.

Usted sabrá mejor que yo lo que hará y la política a desarrollar allí. *Apuchínchese* bien. Redondéese. Mantenga cordiales relaciones con los otros poderes del estado y con el Presidente de la República. No olvide ser buen amigo del Honorable Director General de Loterías. (Q. D. G.) He ahí una amistad que le conviene cultivar, a guisa de útil y provechosa en grado extremo.

Sea discreto y hábil. No le dé el pecho a los problemas y devuelva las bolas al sitio de donde vinieran. Esté en todo, eso sí, y procure que no se haga nada sin partirlo con su formidable serrucho. Usted no es un cualquiera: es presidente del Senado y ya tendrá cierto barniz social y cierta cultura de manigua que le harán no meter el *delicado* y conducirse cuerdamente.

No viaje fuera de Cuba por esa época. ¡Los fósforos! Pueden *camelarle* el puesto mientras tanto. Observe que aquí se *birlan* aun a los que están en el país, muy vivos y coleando.

Si se asoma el proyecto de una prórroga general de poderes y usted tiene la sabrosa oportunidad de meterse dos o tres años más en el cargo, sin correr la aventura de una elección, apóyela, defiéndala con calor, como si defendiera su comida. ¿Que eso es un atentado brutal y cínico? ¿Que no estando usted elegido por el pueblo pretenda todavía mantenerse más tiempo en el cargo, aprovechándose de la *infelicidad* de Liborio? ¡Bah, eso lo dicen los que aspiran, los que no pueden pegarse al jamón! No les haga caso. Desprécielos. Si ellos estuvieran en su lugar harían lo mismo. Son unos farsantes.

¡Y qué excelente idea se le ha ocurrido a usted! Se la adivino por encima de la ropa: usted piensa lo bueno que sería llegar a Palacio: ser el Jefe del Estado, el Presidente de la República. ¿Y por qué usted no ha de pensarlo? ¿Acaso usted es algún leproso para que no pueda dirigir los destinos de la nación? ¿No ha demostrado usted tener *condiciones* y aptitudes para todo? Y otros, con menos méritos que usted, ¿no lo han sido?

Tendría que ser usted demasiado listo para controlar la asamblea nacional de su partido y conseguir que lo postularan. Esa asamblea no puede ser suya, no se haga ilusiones: esa asamblea es propiedad del Presidente y del Honorable Director General de Loterías. (Q. D. G.) Pero puede que usted le caiga simpático al Presidente, o que le convenga, y entonces él se encarga de trabajarle la designación primero, y la elección después. Para lograr eso, hágase *íntimo* de Palacio y dese a querer. Procure que usted sea el hombre. Evolucione alrededor del cargo y *vasiliquéelo.* No importa que para llegar a él tenga que cometer las acciones más bajas y hacer los papeles más ridículos. No se fije en eso: usted lo que quiere es *llegar* de cualquier modo, subir a Palacio, ser el Presidente.

Acuérdese de esta fábula: un águila y un caracol echaron a andar. El águila elevó su majestuoso vuelo haciendo ligeros zig-zags; el caracol comenzó a moverse penosamente. Cuando el águila ascendió a la cima de la montaña, se encontró que ya estaba allí el caracol; y asombrada, le dijo: —¿Cómo has podido llegar hasta aquí? A lo cual respondió el caracol: —Pues...arrastrándome...

Arrástrese, no le dé pena. Y si no tiene chance vele la ocasión próxima. Nunca se desespere: su hora sonará.

Tenga calma. Mucha calma. Calma y mala intención, como los frailes.

TIROS RÁPIDOS

A Dios gracias, y mediante la generosa intervención del demonio, la suerte lo sigue acompañando a usted.

Se celebraron las elecciones. El gobierno puso a favor de su candidatura los resortes formidables de que dispone. Hubo muertos, heridos, hogares enlutados y, como consecuencia, toda una cohorte de miseria y de infamias.

Usted ha resultado electo: usted es el Presidente de la República.

El pueblo, por medio de las urnas, así lo ha querido. Tendrá usted que *sacrificarse* de nuevo. Meterse en Palacio, hacer vida de ermitaño.

En la presidencia es natural que se termina su carrera: ésa es la *meta* de usted y ya usted *llegó*. Una vez en ella le tomará un cariño extraordinario. Le costará trabajo acostumbrarse a la idea de que algún día tendrá que dejarla. Esa será entonces su gran cuestión *batallona*. Yo no sé que tiene el cargo que seduce de una manera enloquecedora. Aún los más reacios, los que nunca lo desearon, una vez en posesión de él alimentaron en sus cerebros elucubraciones extrañas y muy raras combinaciones para retenerlo como cosa propia, heredada.

Ha llegado usted a ser el primer magistrado de la nación. ¡Quién habría de decírselo! ¿Parece un sueño, verdad? Pues no lo es. Es una realidad tangible.

El pueblo ha delegado todos sus poderes en usted. Se le ha entregado de una manera absoluta por cuatro años. Y no le pedirá cuenta de sus actos, no lo fiscalizará. Usted puede hacer lo que le dé la gana. Usted es el amo de la República. Usted puede llegar a todas partes desde su sitio.

Y aquí se acaba *el cuento*: aquí termina la misión mía porque después de aquí sería *peligrosa*. Ya no puedo seguir aconsejándolo. Ahora los consejos los oirá usted de su *camarilla*. Los míos pueden ser interpretados por usted como injurias o como insinuaciones maliciosas. Y puede usted perseguirme. Hacer que me pongan bajo llave.

Además, ¿qué de nuevo podría sugerirle yo? Usted es Presidente y yo no. Eso quiere decir que tiene usted unas *condiciones* superiores a las mías y que mis observaciones huelgan.

De todos modos, creo que usted me debe lo que es. Y aunque no me lo agradezca, porque los que suben suelen siempre no ser agradecidos con los que lo ayudaron, yo me siento satisfecho de ver que he conseguido lo que me proponía: hacer de usted un *perfecto sinvergüenza*.

Mi último consejo que sintetiza todo un compendio de instrucciones presidenciales: examine cuidadosamente la historia, sin perder detalles, desde agosto de 1906[13] a la fecha; y *como la historia se repite*... usted hará lo que hayan hecho los demás. Eso sí, procurando *batir el record*.

Hasta un día...*en que un sol iluminará los cubanos horizontes*...

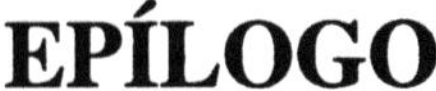

EPÍLOGO

El concepto de la moral positiva es, dados los tiempos que corren, cosa muy maleable y acomodaticia.

La sociedad contemporánea, rigiéndose por las ideas predominantes en nuestro siglo, no es ni moral ni inmoral en el buen sentido de la palabra. Mejor podría calificársela de amoral, es decir, de indiferente a todo credo básico, a todo sistema racional de vida.

La Edad Media se caracterizó por su tendencia religiosa; el Renacimiento por su espíritu literario y artístico; la Revolución Francesa por el triunfo de sus ideas sociales y políticas. En cada una de estas etapas históricas se perseguía un ideal, ora basándose en la religión, ora en el arte y la literatura o ya en la naturaleza misma de la colectividad humana, considerada como entidad positiva.

En nuestra época, ¿qué ideal se persigue?

Simplemente una finalidad utilitaria que es la característica de nuestro siglo.

El hombre de hoy no sueña, como el hombre de ayer, con la supremacía de sus ideas abstractas. Ha perdido la noción de lo trascendental y metafísico. Quiere cosas prácticas. Vive la vida de la acción. Suda vulgaridad y de vulgaridad se nutre. Para él no hay más que un propósito fijo, por el cual se desvive: enriquecerse. Sabe que enriqueciéndose será todo lo que quiera ser en estas espesas burocracias mercantilistas. Poco importan los recursos que se pongan en juego para llegar a tal fin. Lo importante es lograr ese objetivo. Si se obtiene, todo quedará olvidado y el nuevo magnate será elevado a las más altas y honrosas categorías.

Una sociedad que así piensa y procede, que no discute siquiera la legitimidad o ilegitimidad de las acciones personales desde el punto de vista colectivo y que no tiene más norte ni más guía que el interés pecuniario y el afán utilitarista, es una sociedad desmoralizada en sus propias bases donde triunfarán siempre no los más dignos y virtuosos, sino los más osados y audaces, esto es, los que no tienen escrúpulos, ni decoro, ni honor, ni nada "molesto" que les estorbe en su camino.

Los que conservan un resto de vergüenza y de pudor, en medio de este espantoso naufragio moral, son ahogados por la mayoría aplastante que los trata con hiriente desdén y los lapida con unos cuantos guijarros de ironía.

Hoy no se puede ser decente, honrado ni virtuoso porque se cae en el ridículo.

Para vivir en esta sociedad actual hay que *entrenarse*; los que no estén preparados para ello, como los pugilistas antes de ponerse a luchar sobre las arenas de la liza, pueden considerarse derrotados. El *entrenamiento* consiste en desposeerse uno mismo de todo principio moral y de toda noción, noble y generosa, de la vida. ¡Cómo se le va a hablar de nobleza y de generosidad a una muchedumbre de chacales que viven disputándose la piltrafa sangrienta para regalo de sus estómagos felinos! ¡Quién habla de moral entre judaizantes y mercachifles! ¡Qué concepto pueden tener de la vida los hijos espurios de una sociedad decrépita y *corrompida!...*

He aquí por qué el *Manual del perfecto sinvergüenza* es un libro de época que retrata admirablemente las llagas morales de nuestro medio y de nuestro siglo, y que bien puede resistir la comparación con los clásicos más donosos y regocijados por su amable descaro y descocado cinismo.

La pluma, fácil y amena, de *Tom Mix*, el chispeante redactor de *La Noche*[14] quien con sus *Tiros rápidos*[15] tiene ganado el sufragio público desde hace mucho tiempo en fuerza de hacernos reír o, mejor dicho, bien reír, cosa que va resultando muy rara de hallar entre los insulsos y desabridos ingenios del día, ha trazado en él páginas de un extraordinario realismo que, aún en estilo ligero y zumbón, como acostumbra, dan la nota clara y precisa, del momento psicológico por el cual atravesamos y reflejan, con toda fidelidad, el sentimiento colectivo.

Quien las escribió ha observado y analizado profundamente el medio donde ha vivido. Y lo ha hecho con ojos de zahorí, de manera tan cabal y exacta que ha podido luego almacenar en su prontuario todos los *conocimientos útiles* a los que para brillar en la vida pública los necesitan.

El *Manual del perfecto sinvergüenza* es una obra de bien sazonado ingenio y de fuerte verismo, dos características que, por sí solas, bastarían para recomendar el libro.

El tono irónico en que está escrito; las ideas demoledoras que contiene; el estudio acucioso del medio ambiente donde se ha desarrollado; sus observaciones críticas; y la gracia picaresca del estilo, son las cualidades que lo valorizan y que hacen de esta obra, frívola y pueril en apariencia, un admirable compendio de verdades expresadas con valiente desenfado, sin apocamientos ni eufemismos.

Todas estas cosas que en ella vemos escritas sabemos que son ciertas. Muchas las hemos murmurado por lo bajo; algunas, muy pocas, las hemos dicho en voz alta. Mas, hasta ahora, a nadie se le había ocurrido la idea de llenar con ellas un libro, o nadie se atrevió a hacerlo, quizás, por temor a los eternos convencionalismos.

Su autor no se ha detenido en estas pequeñeces. Acostumbrado a bromear con la verdad, desde su aplaudida sección satírica, quiso dar a la broma una mayor latitud y acotando aquí, espigando allí, recogiendo en todas partes un espíritu avizor y la realidad del espectáculo que se ofrecía a su vista, logró, como se articulan las vértebras de una culebra, articular las vértebras de su libro, cuyas partes tienen todas vida independiente y al mismo tiempo se eslabonan formando la unidad armónica que lo caracteriza.

Tiene un mérito positivo, además. La crítica que en él se hace de nuestros sistemas políticos, fúndase en las leyes especiales que en tal materia nos rigen, minuciosa y específicamente estudiadas, en su aplicación práctica y en su trascendencia jurídica.

Siendo, pues, como es, un libro valiente, sincero, irónico, gracioso y original tiene conquistado el éxito por adelantado. El público se encargará de probarlo

J. B. Lamarche[16]

NOTAS ORIGINALES

*Este prólogo fue escrito por el señor Arroyo siendo todavía libre. Con mes y medio de anterioridad al día 3 de marzo, en que fué capturado. Si el estimable bandido hubiera tomado pasaje en el vapor "Cádiz", no le habría ocurrido semejante infortunio.

**José Antonio Ramos publicó su libro *Manual del perfecto fulanista* y Don Rafael Santa Ana escribió varios tomos con estos títulos: *Manual del perfecto canalla*, *Manual del perfecto neurasténico*, *Manual del perfecto ladrón*.

Aunque el título de este libro, *Manual del perfecto sinvergüenza*, guarda cierta semejanza con los que se mencionan, entre unos y otros no existe relación de ninguna especie en cuanto a los distintos problemas que en ellos se tratan.

Queda hecha la aclaración para despistar a los maliciosos.

Aparte todas estas cosas, puede que usted sea más sinvergüenza que yo y en ese caso, y por su trato directo con los políticos, habrá de saber particulares que yo ignore o que me vea impelido de enumerar aquí. Lleve con usted el caudal de experiencia que ya posea: fíjese en todo y saque lo que le convenga. Su paso por la Asamblea de Barrio y por la Asamblea Municipal le dará a conocer asuntos interiores de esos organismos que quizás no los vea en este manual. Si le son beneficiosos, tómelos. Sus ojos han de parecerse a los de Argos: penetre en todo y analice cuidadosamente su alrededor. Existen, como antes le digo, problemas de poca monta que yo no puedo presentarle ahora, por falta de espacio o por falta de memoria: usted los conocerá en las Asambleas y los resolverá de acuerdo con los *Ejercicios Espirituales*.

NOTAS

1. **Ramón Arroyo Suárez**: Alias Arrollito. Bandido famoso, secuestrador de comerciantes ricos y personaje popularísimo de principios del siglo XX. Entre sus grandes proezas se encuentran un asalto a la cárcel de Jaruco (9-18-20) para liberar a su compañero de delitos Julio Ramírez y su espectacular fuga de la cárcel de Matanzas (10-17-22). Arrollito llegó a tener tanta popularidad en toda Cuba que, cuando fue capturado cerca de Camaguaní y transportado en tren a La Habana, la gente lo aclamó en las paradas del tren (3-3-22). Aún más escandalosa fue la subscripción popular que inició el periódico *El País* para recolectar dinero y comprar su indulto con la intención de sacarlo del país.

2. **Thomas Edwin Mix**: Conocido como el "centauro virtuoso", este actor del cine silente americano tuvo una vida interesantísima: luchó con las tropas de Pancho Villa, fue *sheriff* en varios pueblos del oeste americano y alcanzó gran popularidad por sus actuaciones de héroe vaquero que encarnaba al héroe optimista.

3. **Augusto Saladrigas Lunar**: Juez que tuvo el valor de procesar al alcalde de La Habana, Marcelino Díaz de Villegas, a veinte y siete consejales y a dos empleados públicos por cargos de falsedad y malversación. Todos ellos devengaban sueldos del Departamento de Catastro usando nombres inventados. Esto ocurre durante la presidencia de Alfredo Zayas y Alonso (1921-25).

4. **Enoch Crowder**: Inspector general americano durante la segunda intervención que comienza en 1906. Fue el encargado de organizar las elecciones presidenciales en las cuales fue electo José Miguel Gómez (1909-13), segundo presidente de la Cuba republicana.

5. **Liborio**: Personaje ficticio que simboliza al pueblo cubano. Normalmente se representa vestido de guayabera, pañuelo rojo alrededor del cuello, sombrero y machete en la cintura.

6. **José A. Ramos** (1885-1946): Diplomático, ensayista, periodista, dramaturgo, traductor y novelista cubano. Su obra más conocida *Tembladera*, un clásico del teatro cubano, fue premiada en el concurso de

literatura de 1916-17 de la Academia Nacional de Artes y Letras. Sin embargo, su obra más transcendental, *El Manual del perfecto fulanista* (1916), es uno de los ensayos más importantes sobre la nacionalidad cubana. Utilizó en numerosas ocasiones los pseudónimos *El Capitán Araña* y *Pancho Moreira jr.*

7. **Picazo**: Sin identificar.

8. **Carbonelles**: Referencia a la familia de Néstor Leonelo Carbonell Figueroa (1846-1923). Sus tres hijos José Manuel, Néstor y Miguel Angel se distinguieron por su tenacidad en organizar y conseguir fondos para actividades públicas de diversa naturaleza.

9. **Botella**: Puesto gubernamental ficticio, o sea, cobrar un sueldo sin tener que trabajar. Prebenda que los políticos daban a amigos y a colaboradores.

10. **José Antonio Frías**: Congresista por el Partido Moderado en la primera república durante la presidencia de Estrada Palma. Fue uno de los que se abstuvo de votar con el propósito de prevenir que hubiese *quorum* en el congreso y así forzar la intervención americana de 1906. Se distinguió también por ser uno de los participantes más activos en el fraude electoral que se llevó a cabo durante la reelección de Estrada Palma.

11. **Castoria Fletcher**: Medicina para el estómago también conocida por su etiqueta que tenía un hombre con un bacalao a cuesta. Aceite espeso y sumamente amargo.

12. **Antonio Pardo Suárez**: Miembro de la Cámara de Representantes durante las décadas del diez y del veinte. Estuvo entre los representantes electos en 1908 que tomaron posesión de su cargo el 28 de enero de 1909.

13. **Agosto de 1906**: Alzamiento de Faustino del Pino Guerra en Hato de las Vegas, el día 19 de agosto, al enterarse de que los firmantes del pacto revolucionario contra la fraudulenta reelección de Estrada Palma (1906) habían sido arrestados. Después de ocupar el pueblo San Juan y Martínez, telegrafió a Estrada Palma exiguiéndole que anulara los viciados comicios y convocara nuevas elecciones. Este es uno de los episodios que provocan la segunda intervención americana.

14. ***La Noche***: Diario político liberal, fundado en 1912 en La Habana, cuyo gerente fue Marco Antonio Dolz. Su director político fue Hermenegildo Ponvert. Antonio Iraizo fue su director a partir de 1914.

15. **Tiros rápidos**: Tal como Tom Mix era un vaquero-actor que disparaba rápidamente, Muzaurieta en su columna "Tinta rápida" del periódico *El Mundo* también disparaba rápido y certeramente contra todas las injusticias que él percibía alrededor de su contorno social y político.

16. **Juan Bautista Lamarche**: Periodista y amigo del autor.

COLECCIÓN CUBA Y SUS JUECES

(libros de historia y política publicados por EDICIONES UNIVERSAL):

0359-6 CUBA EN 1830, Jorge J. Beato & Miguel F. Garrido
044-5 LA AGRICULTURA CUBANA (1934-1966), Oscar A. Echevarría Salvat
045-3 LA AYUDA CUBANA A LA LUCHA POR LA INDEPENDENCIA NORTEAMERICANA, Eduardo J. Tejera
046-1 CUBA Y LA CASA DE AUSTRIA, Nicasio Silverio Saínz
047-X CUBA, UNA ISLA QUE CUBRIERON DE SANGRE, Enrique Cazade
048-8 CUBA, CONCIENCIA Y REVOLUCIÓN, Luis Aguilar León
049-6 TRES VIDAS PARALELAS, Nicasio Silverio Saínz
051-8 RAÍCES DEL ALMA CUBANA, Florinda Alzaga
0-6 MÁXIMO GÓMEZ ¿CAUDILLO O DICTADOR?, Florencio García Cisneros
118-2 EL ARTE EN CUBA, Martha de Castro
119-0 JALONES DE GLORIA MAMBISA, Juan J.E. Casasús
123-9 HISTORIA DEL PARTIDO COMUNISTA DE CUBA, Jorge García Montes y Antonio Alonso Avila
131-X EN LA CUBA DE CASTRO (APUNTES DE UN TESTIGO), Nicasio Silverio Saínz
1336-2 ANTECEDENTES DESCONOCIDOS DEL 9 DE ABRIL Y LOS PROFETAS DE LA MENTIRA, Ángel Aparicio Laurencio
136-0 EL CASO PADILLA: LITERATURA Y REVOLUCIÓN EN CUBA Lourdes Casal
139-5 JOAQUÍN ALBARRÁN, ENSAYO BIOGRÁFICO, Raoul García
157-3 VIAJANDO POR LA CUBA QUE FUE LIBRE, Josefina Inclán
165-4 VIDAS CUBANAS - CUBAN LIVES.- VOL. I., José Ignacio Lasaga
205-7 VIGENCIA POLÍTICA Y LITERARIA DE MARTÍN MORÚA DELGADO, Aleyda T. Portuondo
205-7 CUBA, TODOS CULPABLES, Raul Acosta Rubio
207-3 MEMORIAS DE UN DESMEMORIADO-LEÑA PARA EL FUEGO DE LA HISTORIA DE CUBA, José R. García Pedrosa
211-1 HOMENAJE A FÉLIX VARELA, Sociedad Cubana de Filosofía
212-X EL OJO DEL CICLÓN, Carlos Alberto Montaner
220-0 ÍNDICE DE LOS DOCUMENTOS Y MANUSCRITOS DELMONTINOS, Enildo A. García
240-5 AMÉRICA EN EL HORIZONTE. UNA PERSPECTIVA CULTURAL, Ernesto Ardura
243-X LOS ESCLAVOS Y LA VIRGEN DEL COBRE, Leví Marrero
262-6 NOBLES MEMORIAS, Manuel Sanguily
274-X JACQUES MARITAIN Y LA DEMOCRACIA CRISTIANA, José Ignacio Rasco
283-9 CUBA ENTRE DOS EXTREMOS, Alberto Muller
298-7 CRITICA AL PODER POLÍTICO, Carlos M. Méndez
293-6 HISTORIA DE LA ODONTOLOGÍA EN CUBA. VOL.I: (1492-1898), César A. Mena
310-X HISTORIA DE LA ODONTOLOGÍA EN CUBA VOL.II: (1899-1940), César A. Mena
311-8 HISTORIA DE LA ODONTOLOGÍA EN CUBA VOL.III:(1940-1958), César A. Mena
344-4 HISTORIA DE LA ODONTOLOGÍA EN CUBA VOL IV:(1959-1983), César A. Mena

3122-0 RELIGIÓN Y POLÍTICA EN LA CUBA DEL SIGLO XIX (EL OBISPO ESPADA), Miguel Figueroa y Miranda
313-4 EL MANIFIESTO DEMÓCRATA, Carlos M. Méndez
314-2 UNA NOTA DE DERECHO PENAL, Eduardo de Acha
319-3 MARTÍ EN LOS CAMPOS DE CUBA LIBRE, Rafael Lubián
320-7 LA HABANA, Mercedes Santa Cruz (Condesa de Merlín)
328-2 OCHO AÑOS DE LUCHA - MEMORIAS, Gerardo Machado y Morales
340-1 PESIMISMO, Eduardo de Acha
347-9 EL PADRE VARELA. BIOGRAFÍA DEL FORJADOR DE LA CONCIENCIA CUBANA, Antonio Hernández-Travieso
353-3 LA GUERRA DE MARTÍ (LA LUCHA DE LOS CUBANOS POR LA INDEPENDENCIA), Pedro Roig
354-1 EN LA REVOLUCIÓN DE MARTÍ, Rafael Lubián y Arias
358-4 EPISODIOS DE LAS GUERRAS POR LA INDEPENDENCIA DE CUBA, Rafael Lubián y Arias
361-4 EL MAGNETISMO DE JOSÉ MARTÍ, Fidel Aguirre
364-9 MARXISMO Y DERECHO, Eduardo de Acha
367-3 ¿HACIA DONDE VAMOS? (RADIOGRAFÍA DEL PRESENTE CUBANO), Tulio Díaz Rivera
368-1 LAS PALMAS YA NO SON VERDES (ANÁLISIS Y TESTIMONIOS DE LA TRAGEDIA CUBANA), Juan Efe Noya
374-6 GRAU: ESTADISTA Y POLÍTICO (Cincuenta años de la Historia de Cuba), Antonio Lancís
376-2 CINCUENTA AÑOS DE PERIODISMO, Francisco Meluzá Otero
379-7 HISTORIA DE FAMILIAS CUBANAS (VOLS.I-VI) Francisco Xavier de Santa Cruz y Mallén
380-0 HISTORIA DE FAMILIAS CUBANAS. VOL. VII, Francisco Xavier de Santa Cruz y Mallén
408-4 HISTORIA DE FAMILIAS CUBANAS. VOL. VIII, Francisco Xavier de Santa Cruz y Mallén
409-2 HISTORIA DE FAMILIAS CUBANAS. VOL. IX, Francisco Xavier de Santa Cruz y Mallén
383-5 CUBA: DESTINY AS CHOICE, Wifredo del Prado
387-8 UN AZUL DESESPERADO, Tula Martí
392-4 CALENDARIO MANUAL Y GUÍA DE FORASTEROS DE LA ISLA DE CUBA
393-2 LA GRAN MENTIRA, Ricardo Adám y Silva
403-3 APUNTES PARA LA HISTORIA. RADIO, TELEVISIÓN Y FARÁNDULA DE LA CUBA DE AYER..., Enrique C. Betancourt
407-6 VIDAS CUBANAS II/CUBAN LIVES II, José Ignacio Lasaga
411-4 LOS ABUELOS: HISTORIA ORAL CUBANA, José B. Fernández
413-0 ELEMENTOS DE HISTORIA DE CUBA, Rolando Espinosa
414-9 SÍMBOLOS - FECHAS - BIOGRAFÍAS, Rolando Espinosa
418-1 HECHOS Y LIGITIMIDADES CUBANAS. UN PLANTEAMIENTO Tulio Díaz Rivera
425-4 A LA INGERENCIA EXTRAÑA LA VIRTUD DOMÉSTICA (biografía de Manuel Márquez Sterling), Carlos Márquez Sterling
426-2 BIOGRAFÍA DE UNA EMOCIÓN POPULAR: EL DR. GRAU Miguel Hernández-Bauzá
428-9 THE EVOLUTION OF THE CUBAN MILITARY (1492-1986), Rafael Fermoselle
431-9 MIS RELACIONES CON MÁXIMO GÓMEZ, Orestes Ferrara

436-X ALGUNOS ANÁLISIS (EL TERRORISMO. DERECHO INTERNACIONAL), Eduardo de Acha
437-8 HISTORIA DE MI VIDA, Agustín Castellanos
443-2 EN POS DE LA DEMOCRACIA ECONÓMICA, Varios
450-5 VARIACIONES EN TORNO A DIOS, EL TIEMPO, LA MUERTE Y OTROS TEMAS, Octavio R. Costa
451-3 LA ULTIMA NOCHE QUE PASE CONTIGO (40 AÑOS DE FARÁNDULA CUBANA/1910-1959), Bobby Collazo
458-0 CUBA: LITERATURA CLANDESTINA, José Carreño
459-9 50 TESTIMONIOS URGENTES, José Carreño y otros
461-0 HISPANIDAD Y CUBANIDAD, José Ignacio Rasco
466-1 CUBAN LEADERSHIP AFTER CASTRO, Rafael Fermoselle
479-3 HABLA EL CORONEL ORLANDO PIEDRA, Daniel Efraín Raimundo
483-1 JOSÉ ANTONIO SACO , Anita Arroyo
490-4 HISTORIOLOGÍA CUBANA I (1492-1998), José Duarte Oropesa
2580-8 HISTORIOLOGÍA CUBANA II (1998-1944), José Duarte Oropesa
2582-4 HISTORIOLOGÍA CUBANA III (1944-1959), José Duarte Oropesa
502-1 MAS ALLÁ DE MIS FUERZAS, William Arbelo
508-0 LA REVOLUCIÓN, Eduardo de Acha
510-2 GENEALOGÍA, HERÁLDICA E HISTORIA DE NUESTRAS FAMILIAS, Fernando R. de Castro y de Cárdenas
514-5 EL LEÓN DE SANTA RITA, Florencio García Cisneros
516-1 EL PERFIL PASTORAL DE FÉLIX VARELA, Felipe J. Estévez
518-8 CUBA Y SU DESTINO HISTÓRICO. Ernesto Ardura
520-X APUNTES DESDE EL DESTIERRO, Teresa Fernández Soneira
524-2 OPERACIÓN ESTRELLA, Melvin Mañón
532-3 MANUEL SANGUILY. HISTORIA DE UN CIUDADANO, Octavio R. Costa
538-2 DESPUÉS DEL SILENCIO, Fray Miguel Angel Loredo
540-4 FUSILADOS, Eduardo de Acha
551-X ¿QUIEN MANDA EN CUBA? LAS ESTRUCTURAS DE PODER. LA ÉLITE., Manuel Sánchez Pérez
553-6 EL TRABAJADOR CUBANO EN EL ESTADO DE OBREROS Y CAMPESINOS, Efrén Córdova
558-7 JOSÉ ANTONIO SACO Y LA CUBA DE HOY, Ángel Aparicio
7886-3 MEMORIAS DE CUBA, Oscar de San Emilio
566-8 SIN TIEMPO NI DISTANCIA, Isabel Rodríguez
569-2 ELENA MEDEROS (UNA MUJER CON PERFIL PARA LA HISTORIA), María Luisa Guerrero
577-3 ENRIQUE JOSÉ VARONA Y CUBA, José Sánchez Boudy
586-2 SEIS DÍAS DE NOVIEMBRE, Byron Miguel
588-9 CONVICTO, Francisco Navarrete
589-7 DE EMBAJADORA A PRISIONERA POLÍTICA: ALBERTINA O'FARRILL, Víctor Pino Llerovi
590-0 REFLEXIONES SOBRE CUBA Y SU FUTURO, Luis Aguilar León
592-7 DOS FIGURAS CUBANAS Y UNA SOLA ACTITUD, Rosario Rexach
598-6 II ANTOLOGÍA DE INSTANTÁNEAS, Octavio R. Costa
600-1 DON PEPE MORA Y SU FAMILIA, Octavio R. Costa
603-6 DISCURSOS BREVES, Eduardo de Acha
606-0 LA CRISIS DE LA ALTA CULTURA EN CUBA - INDAGACIÓN DEL CHOTEO, Jorge Mañach (Ed. de Rosario Rexach)

608-7 VIDA Y MILAGROS DE LA FARÁNDULA DE CUBA, Rosendo Rosell
617-6 EL PODER JUDICIAL EN CUBA, Vicente Viñuela
620-6 TODOS SOMOS CULPABLES, Guillermo de Zéndegui
621-4 LUCHA OBRERA DE CUBA, Efrén Naranjo
623-0 HISTORIOLOGÍA CUBANA IV, José Duarte Oropesa
624-9 HISTORIA DE LA MEDICINA EN CUBA I: HOSPITALES Y CENTROS BENÉFICOS EN CUBA COLONIAL, César A. Mena y Armando F. Cobelo
626-5 LA MÁSCARA Y EL MARAÑÓN (LA IDENTIDAD NACIONAL CUBANA), Lucrecia Artalejo
639-7 EL HOMBRE MEDIO, Eduardo de Acha
644-3 LA ÚNICA RECONCILIACIÓN NACIONAL ES LA RECONCILIACIÓN CON LA LEY, José Sánchez-Boudy
645-1 FÉLIX VARELA: ANÁLISIS DE SUS IDEAS POLÍTICAS, Juan P. Esteve
646-X HISTORIA DE LA MEDICINA EN CUBA II, César A. Mena y Armando A. Cobelo
647-8 REFLEXIONES SOBRE CUBA Y SU FUTURO, (segunda edición corregida y aumentada), Luis Aguilar León
648-6 DEMOCRACIA INTEGRAL, Instituto de Solidaridad Cristiana
652-4 ANTIRREFLEXIONES, Juan Alborná-Salado
664-8 UN PASO AL FRENTE, Eduardo de Acha
668-0 VIDA Y MILAGROS DE LA FARÁNDULA DE CUBA II, Rosendo Rosell
623-0 HISTORIOLOGÍA CUBANA IV, José Duarte Oropesa
646-X HISTORIA DE LA MEDICINA EN CUBA II, César A. Mena
676-1 EL CAIMÁN ANTE EL ESPEJO (Un ensayo de interpretación de lo cubano), Uva de Aragón Clavijo
677-5 HISTORIOLOGÍA CUBANA V, José Duarte Oropesa
679-6 LOS SEIS GRANDES ERRORES DE MARTÍ, Daniel Román
680-X ¿POR QUÉ FRACASÓ LA DEMOCRACIA EN CUBA?, Luis Fernández-Caubí
682-6 IMAGEN Y TRAYECTORIA DEL CUBANO EN LA HISTORIA I (1492-1902), Octavio R. Costa
683-4 IMAGEN Y TRAYECTORIA DEL CUBANO EN LA HISTORIA II (1902-1959), Octavio R. Costa
684-2 LOS DIEZ LIBROS FUNDAMENTALES DE CUBA (UNA ENCUESTA), Armando Álvarez- Bravo
686-9 HISTORIA DE LA MEDICINA EN CUBA III, César A. Mena
689-3 A CUBA LE TOCÓ PERDER, Justo Carrillo
690-7 CUBA Y SU CULTURA, Raúl M. Shelton
702-4 NI CAÍDA, NI CAMBIOS, Eduardo de Acha
703-2 MÚSICA CUBANA: DEL AREYTO A LA NUEVA TROVA, Cristóbal Díaz Ayala
706-7 BLAS HERNÁNDEZ Y LA REVOLUCIÓN CUBANA DE 1933, Ángel Aparicio
713-X DISIDENCIA, Ariel Hidalgo
715-6 MEMORIAS DE UN TAQUÍGRAFO, Angel V. Fernández
716-4 EL ESTADO DE DERECHO, Eduardo de Acha
718-0 CUBA POR DENTRO (EL MININT), Juan Antonio Rodríguez Menier
719-9 DETRÁS DEL GENERALÍSIMO (Biografía de Bernarda Toro de Gómez «Manana»), Ena Curnow
721-0 CUBA CANTA Y BAILA (Discografía cubana), Cristóbal Díaz Ayala
723-7 YO,EL MEJOR DE TODOS(Biografía no autorizada del Che Guevara),Roberto Luque Escalona
727-X MEMORIAS DEL PRIMER CONGRESO PRESIDIO POLÍTICO CUBANO,Manuel Pozo

730-X CUBA: JUSTICIA Y TERROR, Luis Fernández-Caubí
737-7 CHISTES DE CUBA, Arly
738-5 PLAYA GIRÓN: LA HISTORIA VERDADERA, Enrique Ros
739-3 FILOSOFÍA DEL CUBANO Y DE LO CUBANO, José Sánchez-Boudy
740-7 CUBA: VIAJE AL PASADO, Roberto A. Solera
743-1 MARTA ABREU, UNA MUJER COMPRENDIDA, Pánfilo D. Camacho
745-8 CUBA: ENTRE LA INDEPENDENCIA Y LA LIBERTAD, Armando P. Ribas
746-8 A LA OFENSIVA, Eduardo de Acha
747-4 LA HONDA DE DAVID, Mario Llerena
752-0 24 DE FEBRERO DE 1895: LA FECHA-LAS RAÍCES-LOS HOMBRES, Jorge Castellanos
753-9 CUBA ARQUITECTURA Y URBANISMO, Felipe J. Préstamo
754-7 VIDA Y MILÁGROS DE LA FARÁNDULA DE CUBA III, Rosendo Rosell
756-3 LA SANGRE DE SANTA ÁGUEDA(ANGIOLILLO-BETANCES-CÁNOVAS),Frank Fernández
760-1 ASÍ ERA CUBA (COMO HABLÁBAMOS, SENTÍAMOS Y ACTUÁBAMOS), Daniel Román
765-2 CLASE TRABAJADORA Y MOVIMIENTO SINDICAL EN CUBA I(1819-1959), Efrén Córdova
766-0 CLASE TRABAJADORA Y MOVIMIENTO SINDICAL EN CUBA II (1959-1996), Efrén Córdova
768-7 LA INOCENCIA DE LOS BALSEROS, Eduardo de Acha
773-3 DE GIRÓN A LA CRISIS DE LOS COHETES: LA SEGUNDA DERROTA, Enrique Ros
779-2 ALPHA 66 Y SU HISTÓRICA TAREA, Miguel L. Talleda
786-5 POR LA LIBERTAD DE CUBA (RESISTENCIA, EXILIO Y REGRESO), Néstor Carbonell Cortina
792-X CRONOLOGÍA MARTIANA, Delfín Rodríguez Silva
794-6 CUBA HOY (la lenta muerte del castrismo), Carlos Alberto Montaner
795-4 LA LOCURA DE FIDEL CASTRO, Gustavo Adolfo Marín
796-2 MI INFANCIA EN CUBA: LO VISTO Y LO VIVIDO POR UNA NIÑA CUBANA DE DOCE AÑOS, Cosette Alves Carballosa
798-9 APUNTES SOBRE LA NACIONALIDAD CUBANA, Luis Fernández-Caubí
803-9 AMANECER. HISTORIAS DEL CLANDESTINAJE (LA LUCHA DE LA RESISTENCIA CONTRA CASTRO DENTRO DE CUBA, Rafael A. Aguirre Rencurrell
804-7 EL CARÁCTER CUBANO (Apuntes para un ensayo de Psicología Social), Calixto Masó y Vázquez
805-5 MODESTO M. MORA, M.D. LA GESTA DE UN MÉDICO, Octavio R. Costa
808-X RAZÓN Y PASÍON (Veinticinco años de estudios cubanos), Instituto de Estudios Cubanos
814-4 AÑOS CRÍTICOS: DEL CAMINO DE LA ACCIÓN AL CAMINO DEL ENTENDIMIENTO, Enrique Ros
820-9 VIDA Y MILAGROS DE LA FARÁNDULA CUBANA. Tomo IV, Rosendo Rosell
823-3 JOSÉ VARELA ZEQUEIRA (1854-1939); SU OBRA CIENTÍFICO-LITERARIA, Beatriz Varela

828-4 BALSEROS: HISTORIA ORAL DEL ÉXODO CUBANO DEL '94 / ORAL HISTORY OF THE CUBAN EXODUS OF '94, Felicia Guerra y Tamara Álvarez-Detrell
831-4 CONVERSANDO CON UN MÁRTIR CUBANO: CARLOS GONZÁLEZ VIDAL, Mario Pombo Matamoros
832-2 TODO TIENE SU TIEMPO, Luis Aguilar León
838-1 8-A: LA REALIDAD INVISIBLE, Orlando Jiménez-Leal
840-3 HISTORIA ÍNTIMA DE LA REVOLUCIÓN CUBANA, Ángel Pérez Vidal
841-1 VIDA Y MILAGROS DE LA FARÁNDULA CUBANA / Tomo V, Rosendo Rosell
848-9 PÁGINAS CUBANAS tomo I, Hortensia Ruiz del Vizo
849-7 PÁGINAS CUBANAS tomo II, Hortensia Ruiz del Vizo
851-2 APUNTES DOCUMENTADOS DE LA LUCHA POR LA LIBERTAD DE CUBA, Alberto Gutiérrez de la Solana
860-8 VIAJEROS EN CUBA (1800-1850), Otto Olivera
861-6 GOBIERNO DEL PUEBLO: OPCIÓN PARA UN NUEVO SIGLO, Gerardo E. Martínez-Solanas
862-4 UNA FAMILIA HABANERA, Eloísa Lezama Lima
866-7 NATUMALEZA CUBANA, Carlos Wotzkow
868-3 CUBANOS COMBATIENTES: peleando en distintos frentes, Enrique Ros
869-1 QUE LA PATRIA SE SIENTA ORGULLOSA (Memorias de una lucha sin fin), Waldo de Castroverde
870-5 EL CASO CEA: intelectuales e inquisodres en Cuba ¿Perestroika en la Isla?, Manurizio Giuliano
874-8 POR AMOR AL ARTE (Memorias de un teatrista cubano 1940-1970), Francisco Morín
875-6 HISTORIA DE CUBA, Calixto C. Masó
Nueva edición al cuidado de Leonel de la Cuesta, ampliada con índices y cronología de la historia de Cuba hasta 1992.
876-4 CUBANOS DE DOS SIGLOS: XIX y XX. ENSAYISTAS y CRÍTICOS, Elio Alba Buffill
880-2 ANTONIO MAÇEO GRAJALES: EL TITÁN DE BRONCE, José Mármol
882-9 EN TORNO A LA CUBANÍA (estudios sobre la idiosincrasia cubana), Ana María Alvarado
886-1 ISLA SIN FIN (Contribución a la crítica del nacionalismo cubano), Rafael Rojas
891-8 MIS CUATRO PUNTOS CARDINALES, Luis Manuel Martínez
895-0 MIS TRES ADIOSES A CUBA (DIARIO DE DOS VIAJES), Ani Mestre
901-9 40 AÑOS DE REVOLUCIÓN CUBANA (El legado de Castro), Efrén Córdova Ed.